Kung Fu · Judo · Karate · Kendo · Aikido
Kampfsport Fernost

von J. Wilson

 FALKEN-VERLAG ERICH SICKER KG · WIESBADEN

Deutsche Übersetzung von
Hans-Jürgen Hesse

›Falken · Bunte Welt‹
ISBN 3 8068 4108 X

© der englischen Originalausgabe 1969
Marshall Cavendish Limited, London

© der deutschen Ausgabe 1976
Falken-Verlag Erich Sicker KG, Wiesbaden

Einführung

Aikido, Karate, Kendo, Judo . . . schon die Namen dieser asiatischen Kampfkünste lassen uns an Unbezwingbarkeit, geheime Fähigkeiten und mystische Philosophie denken. Wie aber erlangt man solche Fähigkeiten? Was verbirgt sich hinter ihnen und wie sieht ihre Geschichte aus? Auf diese Fragen möchte das Buch eine Antwort geben.

Jede Kampfkunst und ihre Geschichte wird in einem eigenen Kapitel behandelt, wobei die grundlegenden Prinzipien klar herausgearbeitet werden. Farbphotos mit Meistern der Kampfsportarten verdeutlichen die Techniken, und der Begleittext gibt die Erklärungen. Nach der Lektüre dieses Buches ist man befähigt, einer Kampfsportschule oder einem Verein beizutreten: Man kennt bereits die Fachausdrücke, hat ein gewisses Grundverständnis und weiß, worauf es beim Training ankommt.

Warnung: Die im Folgenden beschriebenen Kampfsportarten leiten sich von bewaffneten und unbewaffneten Kriegskünsten ab und können deshalb gefährlich sein. Bei verantwortungslosem Gebrauch kann man andere und auch sich selbst verletzen. Deshalb sollte man unter Aufsicht eines erfahrenen Lehrers in geeigneten Trainingskursen üben.

Inhalt

Karate-1

Karate ist die hohe Kunst des unbewaffneten Kampfes und ein ausgezeichnetes System für Fitneß und Körperbeherrschung. Ein vielstündiges Training fördert die Gesundheit, führt zur Geschmeidigkeit des Körpers, zu Beweglichkeit und Wachheit des Geistes.

Durch Karate werden alle körperlichen und geistigen Kräfte angesprochen. Kopf, Hände, Knie, Füße und Ellbogen werden trainiert und gekräftigt, so daß sie gefährliche Waffen darstellen, mit denen man sich in einer Notsituation höchst wirksam selbst verteidigen kann. Karate fördert ein waches Körperbewußtsein, es führt zu einer derartigen Körperkontrolle und Reaktionsschnelligkeit, daß man den meisten Problemen gut gewappnet gegenübersteht.

Diese Methode zur Verbesserung der Leistungsfähigkeit von Körper und Geist ist die Grundlage des modernen Karatetrainings, das sich auf optimale Anwendung von physikalischen und physiologischen Prinzipien konzentriert. Die Körperbewegungen und Techniken stimmen voll überein und verbinden geschickte Balance und kontrollierte Kraft. Der Geist wird durch Meditationstechniken beherrscht, was zu Selbstvertrauen und Selbstbewußtsein führt.

Im heutigen Leben spielt Karate eine vielfältige Rolle: als Form der Geschicklichkeit und als System zur Selbstverteidigung wird es in Vereinen, bei der Polizei und an Universitäten gelehrt. Die weltweite Popularität des Karate resultiert jedoch aus den sportlichen Aspekten. Nur wenige andere Sportarten sind so aufregend und kraftvoll-dynamisch wie das sportliche Karate.

Es gibt mehrere Karate-Stile und -Techniken. In fünf illustrierten Abschnitten wird der Shotokan-Stil beschrieben. Er stammt von Okinawa, das südlich von Japan liegt. Shotokan erfreut sich großer Popularität und ist der führende Karate-Stil überall in Europa und den USA. Für einen Fortgeschrittenen spielt es aber keine Rolle, mit welcher Karate-Technik er begonnen hat; er kann sich schnell auf andere Stile umstellen.

Karate wurde früher häufig als geheimnisvolle, Bretter durchschlagende Kunst des Tötens angesehen – eine Vorstellung, die allmählich verschwindet, weil man das wahre Wesen dieser Kampfkunst erkannt hat. Karate ist bestens geeignet, dem täglichen Streß entgegenzuwirken und den Körper topfit zu machen.

Das Training von Karate steigert ganz allgemein das Wohlbefinden, kräftigt die Gesundheit und gibt Selbstvertrauen.

HALBKREIS-FUSSTRITT (Mawashi-Geri)

Das Photo links zeigt einen der wirksamsten Tritte im Karate. Im Folgenden werden noch viele andere Fußtechniken gezeigt. Zur Vorbereitung wird zunächst der Halbkreis-Fußtritt geübt. Mit leicht gespreizten Beinen stehen, einen Fuß etwas vor dem anderen, wobei das vordere Bein im Knie gebeugt wird. Die Hand über dem vorderen Fuß ist gestreckt. Dann wird der hintere Fuß im Halbkreis zum Ziel geschnellt, als ob man zum Genick des Angreifers treten wollte.

GRUNDTECHNIKEN

Um Karate richtig zu lernen, muß man vor allem Grundtechniken üben. Jede Bewegung ist unzählige Male zu wiederholen, bis der Körper „automatisch" reagiert; so bei Stoßtechniken (Tsuki), Schlagtechniken (Uchi), Trittechniken (Keri) und Blocktechniken (Uke). Bevor man mit den Grundtechniken beginnt, sollte der rechts abgebildete Schlag so oft wie möglich geübt werden.

Linken Fuß vor den rechten stellen. Entspannen. Dann plötzlich unter Hüfteinsatz den Schlag waagerecht nach vorn führen. Endposition wie im Bild.

PARTNERÜBUNGEN (Kumite)

Wie sieht die Karate-Kleidung aus? Der traditionelle Karate-Anzug heißt Gi und besteht aus Hose und Jacke, die mit einem Gürtel zusammengehalten wird, dessen Farben variieren; beim Anfänger ist er weiß, während er bei Fortgeschrittenen je nach Rang gelb, orange, grün, violett und braun sein kann. Schwarz ist den Meistern (Dan) vorbehalten. Kleidung und Gürtel erhält man in Sportgeschäften und bei ausgesprochenen Budo-Speziallieferanten.

Nach gründlichem Üben der Grundtechniken folgt das Partnertraining. Jede Grundtechnik soll dabei zum Angriff und zur Abwehr eingesetzt werden.

Durch die verschiedenen Partnerübungen und mittels Anwendung des bereits Gelernten ist man schließlich fähig, am freien Kampf teilzunehmen.

Beim Kumite werden alle Techniken kurz vor dem Ziel abgestoppt, um Verletzungen auszuschließen. Als Test für Geschicklichkeit in Karate ist dieses Abstoppen kurz vor dem Ziel charakteristisch. Partnertraining erfordert große Konzentration und die Fähigkeit, die Bewegungen des Gegners vorauszusehen. Das setzt ein langes, intensives geistiges Training voraus, was vielleicht

einer der schwierigsten Aspekte des Karate ist. Ein Abschnitt dieser fünfteiligen Karate-Folge erklärt einige Meditationstechniken und versucht, auch an das geistige Training heranzuführen.

Das obige Bild zeigt eine Kampfszene. Der Partner rechts greift mit einem Fußtritt an, der vom Gegner mit dem linken Arm abgewehrt wird, während er gleichzeitig mit dem rechten Arm einen Gegenangriff zum Magen einleitet. Mit einem fortgeschrittenen Partner üben!

Der freie Kampf ist der spannendste Teil des Karate – mit blitzschnellen Reaktionen, totaler Konzentration, mit Schnelligkeit und Effektivität der Bewegungen. Er bietet dem Karate-Schüler die beste Gelegenheit, seine Techniken in auf den Ernstfall abgestimmte Situationen anzuwenden, ohne jemanden zu verletzen.

Wenn Könner sich im freien Kampf üben, entfaltet sich alle Grazie und die kontrollierte Kraft der alten Samurai-Schwertkämpfe. Meister bewegen sich mit erstaunlicher Geschwindigkeit und Körperbeherrschung, die nur durch jahrelanges Training erreicht werden kann.

Im freien Kampf sind große Vorsicht und Kontrolle erforderlich, damit niemand verletzt wird. Zweckmäßigerweise sollte er nur unter Aufsicht eines Sensei (Meister) stattfinden.

Bevor man mit dem freien Kampf beginnt, ist auch ratsam, einem Verein beizutreten. Auf diese Weise lernt man schnell und richtig. Außerdem sind die Begeisterung und die Kenntnisse der anderen Karate-Schüler ein ständiger Ansporn. In den meisten größeren Städten gibt es Vereine, in die man gern aufgenommen wird.

Karate ist ein Sport für Frauen und Männer. Eine Frau macht bei gleichen Voraussetzungen genauso schnell Fortschritte in den Grundtechniken wie ein Mann. Erst beim freien Kampf sind Frauen offensichtlich im Nachteil, weil sie nicht so stark sind wie die meisten Männer.
Dies hat die weibliche Begeisterung für Karate keineswegs geschmälert, denn viele Frauen haben sich andere Aspekte in ihrer Technik nutzbar gemacht. In den meisten Vereinen wird gemeinsam trainiert.

KATA

Als Kata wird eine Serie von Techniken bezeichnet, die in festgelegter Reihenfolge auszuführen sind. Es gibt sehr viele Katas. Sie umfassen alle Hand- und Fußtechniken, die beim Treten, Schlagen und Blocken zur Anwendung kommen.

Katas wurden von alten Karate-Meistern entwickelt und über Generationen hinweg weitergegeben. Sie sind noch heute wesentlicher Bestandteil des Trainings.

Zu Beginn verwendet man viel Zeit auf das Erlernen der Katas. Dieser Abschnitt zeigt nur die Grundzüge der Basiskatas. Die komplizierteren Katas sollte man in einem Klub erlernen. Zur Vorbereitung kann man jedoch die Grundstellung einer der vielen Katas üben (rechtes Bild).

Unten: Der Wunsch nach einer wirkungsvollen Selbstverteidigung ist vermutlich einer der Hauptgründe für die starke Verbreitung des Karate überall in der Welt. Es muß besonders betont werden, daß Karate keine „Wunderwaffe" ist und nicht immun macht gegen alle Gefahren.

Karate-2

Karate erfordert Disziplin, Wachsamkeit und Hingabe. Diese Eigenschaften sind besonders wichtig beim Erlernen der Grundtechniken, die ein beständiges und geduldiges Üben verlangen, immer in dem Bewußtsein, daß man hier das Fundament legt zur Beherrschung der höchstentwickelten und kraftvollsten Kampfsportarten.

Das Training der Grundtechniken teilt sich in verschiedene Bereiche auf, z. B. Stellungen (Dachi), Schläge (Tsuki), Tritte (Keri) und Abwehren (Uke). Jeder Bereich umfaßt eine Vielzahl von Techniken, die man nur mit Sorgfalt und Beherrschung meistern kann. Dieser zweite Abschnitt zeigt einige der Grundtechniken, die zu üben sind, bevor das Studium der Angriffs- und Verteidigungstechniken vertieft wird.

Jede Technik wird in Einzelbewegungen aufgegliedert, die ständig zu wiederholen sind. Nachdem man mehr und mehr damit vertraut geworden ist, kann man dazu übergehen, sie mit größerer Geschwindigkeit und Kraft zu üben. Haltung und Balance sind besonders wichtig.

Mit zunehmendem Fortschritt werden die Grundtechniken auch in verschiedenen Kombinationen geübt, so daß man nahtlos von Stellung zu Stellung übergehen und dabei mit großer Schnelligkeit blocken, schlagen und treten kann.

Beim Erlernen der Grundtechniken sollte man immer ein Maximum an Schnelligkeit und Kraft einsetzen. Es ist wichtig zu lernen, welche Muskelpartie bei welcher Technik das bestmögliche Ergebnis erzielt. Beim Karateschlag ist es ähnlich wie beim Peitschenschlag: Die Kraft kommt aus dem Stiel der Peitsche (Stellung und Hüfte) und pflanzt sich über die ganze Länge der Peitsche (Körper) fort, bis sie die auftreffende Fläche (Faust oder Fuß) erreicht. Im Moment des Auftreffens wird das Höchstmaß an Kraft frei. Bei Techniken wie etwa dem gegenseitigen Fauststoß muß man seine ganze Kraft auf die Trefffläche konzentrieren, indem man die Hüfte eindreht, die Schultermuskeln spannt, den Schlagarm nach vorn katapultiert und zugleich für den Bruchteil einer Sekunde die Muskeln des ganzen Körpers anspannt, um dann sofort zurückzufedern.

Die Technik erfordert größtmögliche kontrollierte Geschwindigkeit und Kraft, was man nur in hartem Training lernen kann. Karate will den Weg weisen zu einem neuen Lebensgefühl mit gesteigerter geistiger und körperlicher Beherrschung.

STELLUNG (Dachi)

Es gibt viele verschiedene Stellungen, die unter den wechselnden Bedingungen des Trainings und des Kampfes angewendet werden. Diese Stellungen bilden die Grundlage für alle anderen Techniken. Die Kraft einer Technik hängt ganz entscheidend von Stärke und Schwäche der Grundstellung ab. Durch beständiges Training läßt sich aber eine der wichtigsten Voraussetzungen des Karate entwickeln: eine starke Stellung. Deshalb ist es gut, neben dem Erlernen aller Stellungen eine einzelne Dachi möglichst vollkommen zu üben.

Die oben abgebildete Rückwärtsstellung (Kokutsu-Dachi) ist eine Grundstellung, mit der viele Techniken beginnen und die deshalb möglichst perfekt beherrscht werden sollte.

In dieser Stellung befindet sich das rechte Bein ungefähr 90 Grad seitwärts und trägt zwei Drittel des Gewichts.

Arme parallel zu den Oberschenkeln seitlich halten. Die Rückwärtsstellung ist eine wirkungsvolle Verteidigungsstellung, gut geeignet für Gegenangriffe. Man muß auch lernen, den Körper zu spannen und zu entspannen. Das verlangt große Beherrschung.

ABBLOCKEN (Uke)

Karate ist in erster Linie ein Verteidigungssystem. Das Ziel eines jeden Karatetrainings ist vor allem, sich selbst, Freunde oder Hilflose gegen Angriffe zu verteidigen – aber nur, wenn kein anderer Ausweg bleibt.
Karateabwehr (Abblocken) ist ein ausgezeichnetes Verteidigungsmittel. Es gibt eine Vielzahl solcher Abwehren, die zu beherrschen eine lange Zeit harten Trainings erfordert.

Man beginnt mit dem Block nach oben (Jodan-Age-Uke), der Angriffe zum Kopf oder Hals abwehrt.
Position wie oben links gezeigt einnehmen: Beine schließen, die Knie leicht beugen. Linken Arm mit geöffneter Handfläche auf Augenhöhe anheben, rechten Arm mit geschlossener Faust seitlich in Hüfthöhe halten.
Rechten Fuß nach vorn stellen (Abb. Mitte), gleichzeitig die rechte Faust vor die Brust nach oben führen. Das rechte Photo zeigt die Endposition. Jetzt liegt der linke Arm hinter dem Rücken.

Jede einzelne Phase der Abwehr muß so schnell wie möglich, aber trotzdem sehr exakt ausgeführt werden. Am Anfang bewußt langsam üben und erst mit zunehmender Sicherheit schneller werden. In der Endphase sollen alle Muskeln ganz kurz angespannt sein. Dann entspannen. Diese Art der Beherrschung ist beim Karate entscheidend.

HANDKANTENABWEHR (Anwendung)

Obiges Bild zeigt die praktische Anwendung einer Handkantenabwehr. Der Angreifer links versucht einen Fauststoß, den der Verteidiger in Rückwärtsstellung mit Handkantenabwehr abblockte. Man sieht, daß der Angriffsarm nicht nur abgeblockt, sondern auch nach außen gelenkt wurde, womit der Verteidiger seinen Gegenangriff erleichtert.

Mit der ungeheuren Verbreitung von Karate auf der ganzen Welt bildeten sich viele gute Vereine, in denen die Kunst des Karate gelehrt wird.
Das wichtigste ist, sich nach der Qualifikation des Trainers, aber auch nach den Trainingsmethoden zu erkundigen und zu fragen, welcher Organisation der Klub angeschlossen ist. Nur wenn alle Voraussetzungen stimmen, ist ein guter Unterricht gewährleistet, denn eine einmal falsch gelernte Technik läßt sich nur schwer wieder korrigieren.
Die meisten Länder haben einen Karate-Dachverband, und es ist gut, sich dort vor einem Beitritt über den betreffenden Klub zu erkundigen.

FAUSTSTÖSSE (Tsuki)

GLEICHSEITIGER FAUSTSTOSS (Oi-Tsuki)

Es gibt im Karate viele Fauststöße, die bei korrekter Ausführung sehr effektiv sind. Ein richtig angebrachter Fauststoß kann eine verheerende Wirkung haben. Die Wirksamkeit dieser Techniken läßt sich am besten demonstrieren durch die Fähigkeit vieler Meister, Ziegel oder dicke Holzbretter zu zertrümmern. Dies erfordert ein mehrjähriges Training und sollte nicht von Schülern geübt werden.

Stellung wie im Bild links oben. Beide Füße stehen fest auf dem Boden. Hände zu Fäusten ballen und den linken Arm vorstrecken. Der Schlag wird durch eine Vorwärtsbewegung des rechten Arms und Beins eingeleitet: rechtes Bein eng am linken vorbeiführen, zugleich passiert die linke Faust die Hüfte (Bild oben rechts).
Die Bewegung wird fortgeführt entsprechend dem Bild unten links.

Rechts unten ist die Endposition im Moment des Auftreffens gezeigt.
Der Bewegungsablauf soll schnell, entspannt und weich fließend sein. Erst im Moment des Auftreffens werden alle Muskeln angespannt. Endposition nicht zu weit nach vorn ziehen. Man verliert dann die Balance und ist leicht zu kontern.

GEGENSEITIGER FAUSTSTOSS
(Gyaku-Tsuki)

Dieser Schlag ist dem Oi-Tsuki ähnlich, nur wird bei einer Rechts-vorwärts-Stellung links gestoßen und umgekehrt.

Der gegenseitige Stoß ist der im Karate am meisten gebrauchte Schlag, weil er sich nach einer Abwehr gut zum Gegenangriff verwenden läßt. Stand wie im Bild oben rechts. Den rechten Arm ausstrecken und das rechte Knie beugen, wobei die linke Faust eng über der Hüfte liegt.

Ohne die Stellung zu verändern, linken Arm vor- und rechten Arm zurückführen, wie das Bild rechts unten zeigt.

Die Endposition wird durch das große Bild veranschaulicht. Hierbei ist zu beachten, daß sich die Füße noch in der gleichen Stellung befinden, die Hüfte jedoch mit in den Stoß hineingedreht wird, um die Schlagkraft zu vergrößern.

Dieser Fauststoß ist mit einer fließenden Bewegung zu üben. Entspannung und Spannung nicht vergessen!

Beim Üben dieser Karate-Schläge sollten die Arme nicht überdehnt werden, denn das könnte für die Gelenke schädlich sein.

Die Philosophie des Karate besagt, daß beim Wettkampf oder in einer Selbstverteidigungssituation eine wirklich gekonnte Technik viel wirksamer ist als eine Vielzahl schwacher Techniken. So sollte jede Technik mit großer Konzentration, Kraft und Beherrschung ausgeführt werden.

FUSSTECHNIKEN (Keri)

Die Verwendung von Fußtechniken weicht im Karate ab von vielen anderen Kampfsportarten. Die Fähigkeit, alle Körperteile mit Tritten zu treffen, kann einem Karate-Ausübenden entscheidende Vorteile gegenüber Praktikanten anderer Angriffs- und Verteidigungssysteme geben.

Die stärksten Angriffe eines Karate-Meisters erfolgen mit Fußtechniken, denn diese sind naturgemäß viel stärker als Armtechniken. Beim Üben ist große Vorsicht vonnöten.

VORWÄRTSFUSSTRITT (Mae-Geri)

Obiges Bild illustriert einen kraftvollen Vorwärtsfußtritt gegen Kinn und Kehle des Gegners. Er ist einer der einfachsten und dennoch wirkungsvollsten Tritte im Karate. Ausgangsposition wie auf Seite 16 links oben, Fäuste fest zusammengedrückt, linkes Knie leicht gebeugt. Wie auf dem Bild daneben rechtes Knie so hoch wie möglich anheben, denn dies ist ein wichtiger Teil der Technik.

Aus dieser Position schnappt der Fuß aus dem Kniegelenk heraus nach vorn, wie es das große Bild links unten zeigt.

Die Phasen sind in einer schnellen, fließenden Bewegung zu üben.

Beim Vorwärtsfußtritt ist ganz entscheidend, das Knie vor der Streckung so hoch wie möglich nach oben zu ziehen. Das Bein soll erst im Moment des Auftreffens gestreckt sein. Wirksamste Trefffläche ist die Ferse oder die Fußkante.

Eine gute Balance ist sehr wichtig.

WIE BETREIBT MAN KARATE

Gürtelgrade: Die verschiedenen Karate-Stile haben unterschiedliche Gürtelsysteme. Sie stützen sich aber alle auf die Judoprinzipien von Kyu (Schüler) und Dan (Meister). Die niedrigeren Grade werden mehr nach der Genauigkeit der Techniken als nach der Kampfstärke vergeben. Ein fortgeschrittener Schüler wird nach und nach in den freien Kampf eingeführt.

Kampftraining mit Partner (Kumite): Da Karate-Techniken sehr gefährlich sein können, werden sie beim Partnertraining und in Wettbewerben nie durchgeschlagen. Ein Kampf wird geleitet von einem Kampfrichter und zwei Außenrichtern, die sich außerhalb der 9 × 9 Meter großen Kampffläche befinden. Erkennt einer der Richter einen Ippon (Punkt) oder Waza-Ari (halber Punkt), so zeigt er dies mit Handzeichen an und vergibt den Punkt. Nur dieser eine Punkt – was im Ernstfall einem tödlichen oder lähmenden Schlag entspräche – entscheidet den Kampf.

Kata: Es gibt auch Kata-Wettbewerbe. Katas sind – wie erwähnt – eine Folge von Techniken gegen imaginäre Gegner.

Hier werden die Punkte nach Präzision und Korrektheit der Bewegungen vergeben. Für den ersten Teil eines Turniers gilt das k.o.-Prinzip. Im Finale geben dann Punktrichter die Bewertung, wobei die höchste und die schlechteste Note wegfallen. Es gewinnt derjenige, der die höchste Durchschnittsnote erhält.

Training: Karate läßt sich nur durch hartes Training erlernen. Es umfaßt hauptsächlich drei Bestandteile: Grundtechniken, Kata und Partnerkampftraining. Manche Stile, insbesondere Shotokan, beginnen erst im fortgeschrittenen Stadium mit dem freien Kampf, da es dem weniger erfahrenen Karateka (Karatesportler) noch an Beherrschung fehlt und er außerdem durch zu frühen Beginn möglicherweise seine Grundtechniken beeinträchtigt.

Karate-3

Der freie Kampf ist einer der attraktivsten und interessantesten Aspekte des Karate. Hier offenbaren sich disziplinierte Beweglichkeit, beherrschte Schnelligkeit und der scheinbar mühelose Bewegungsablauf zweier Gegner, die ihren Körper vollendet beherrscht. Wer so den Freikampf beherrscht, ist Meister in Karate.

Obwohl ein Anfänger nicht sofort mit dem Freikampf (Jiyu Kumite) beginnt, übt er doch schon die Anwendung aller bereits in der Grundschule gelehrten Techniken. Einfache Angriffe und Abwehren, z. B. der gleichseitige Fauststoß zum Gesicht (Oi-Tsuki Jodan), der mit einer Faustabwehr nach oben (Age-Uke) abgeblockt wird, sind erste Schritte auf dem Weg zum Freikampf. Die nächste Stufe ist ein dreimaliges Angreifen, bzw. Abwehren, wobei der letzte Angriff mit einem gegenseitigen Fauststoß (Gyaku-Tsuki) zum Magen gekontert wird. Danach erfolgt ein Angriff mit fünfmaligem Vorwärstgehen (Gohon Kumite). Dies sollte jeder Karateka zur Sicherheit und zur Vorbereitung auf das spätere Freikampftraining so oft wie möglich üben.

In der nächsten Trainingsstufe werden dann die Angriffe, Abwehren und das Kontern variiert, bis der Karateka seine Techniken schließlich im halbfreien Kampf (Jiyu Ippon Kumite) anwenden kann.

Zuletzt lernt er den Freistilkampf (Jiyu Kumite), der fortgeschrittenes Können des Karate erfordert. Der Partnerkampf ähnelt in mancher Hinsicht dem Boxen, aber mit dem Unterschied, daß die Techniken nicht durchgeschlagen werden, um keine empfindliche Stellen zu verletzen. Dieses Abstoppenkönnen selbst des stärksten Angriffs ist ein Prüfstein für jeden Karate-Sportler.

Charakteristisch für den Freikampf ist seine wachsame und doch entspannte Einsatzbereitschaft. Jeder Gegner beobachtet den anderen, sucht Schwächen in der Deckung, um anzugreifen, während er jederzeit darauf gefaßt ist, einen Angriff abzuwehren und zu kontern. Wenn einer der Gegner einen entscheidenden Punkt erzielt, ist der freie Kampf zu Ende.

In diesem Training kommt auch der sportliche Charakter des Karate zu seinem Recht, denn es gibt viele Wettbewerbe und Meisterschaften auf regionaler und überregionaler, ja sogar internationaler Ebene, an denen ein Karateka teilnehmen kann. Er gewinnt dadurch nicht nur Erfahrung, sondern kommt auch mit anderen Karatesportlern in Kontakt.

Die Techniken des Freikampfs werden am besten unter Anleitung eines Meisters (Sensei) in einem Klub gelernt, was bei der Vielzahl von Karate-Vereinen (Dojo) kein Problem sein dürfte.

Inzwischen kann man schon einige der in diesem Kapitel gezeigten Freikampftechniken üben. Beim Training mit einem Freund ist große Vorsicht geboten. Alle Techniken langsam und überlegt durchführen, um Verletzungen zu vermeiden!

Jeder gewinnt aus Karate genauso viel, wie er für das Training an Hingabe und Mühe aufwendet. Die Anstrengung wird belohnt mit Beweglichkeit und hervorragender Körperbeherrschung.

ABWEHR NACH OBEN/HAND-KANTENSCHLAG

Das obere rechte Bild zeigt, wie der Verteidiger rechts mit einer Abwehr nach oben einen Angriff abblockt. Man sieht, daß dieser Block ideale Möglichkeiten zum Gegenangriff gibt. Diese Fähigkeit des Vorausdenkens ist beim Freikampf entscheidend.

Man kann diese Abwehr mit einem Freund üben. Eine ungezwungene Stellung einnehmen, während der Freund zuerst rechts oder links mit einem gleichseitigen Fauststoß angreifen und dabei vorgehen soll.

Man geht mit dem rechten Bein vor und blockt seinen Fauststoß ab. Dieser Bewegungsablauf muß so lange geübt werden, bis man ihn ziemlich sicher beherrscht, wobei die Rollen öfters wechseln.

Das Photo rechts unten zeigt dann den Gegenangriff mit einem Handkantenschlag (Shuto Uke). Dabei ist wieder das Miteindrehen der Hüfte wichtig als entscheidender Teil des Schritts, der Kraft und Geschwindigkeit des Konterns erhöhen soll. Abstoppen!

VORWÄRTSFUSSSTOSS/SEITWÄRTS-FUSSSTOSS

Das Bild auf der gegenüberliegenden Seite zeigt eine für den Freikampf typische Situation. Im Bild wird rechts ein Vorwärtsfußstoß (Mae-Geri) des Gegners gekontert mit einem meisterlichen Seitwärtsfußstoß (Yoko Geri kokumi). Wie bei allen Karate-Bewegungen wird die Wirksamkeit entscheidend von der minutiösen Berechnung und der Fähigkeit des Vorausdenkens bestimmt.

Dieser Gegenangriff erfordert auch eine ungeheure Reaktionsschnelligkeit, so daß der Körper bei der geringsten Abwehrschwäche des Gegners sofort angriffsbereit ist. Diese Fähigkeit erfordert viel Übung und ist nicht so leicht zu erlernen wie es aussieht.

Um herauszufinden, wie schwer das ist, kann man diese ganze Technik mit einem Freund üben, der gebeten wird, mit einem Vorwärtsfußstoß anzugreifen, auf den man mit einem Seitwärtsfußstoß zum Kinn kontert. Dabei wird deutlich, wie schwer das sogenannte Timing ist. Man kann es nur durch beständiges Trainieren erlernen.

Hat man schließlich das Gefühl, diesen Konter einigermaßen gut zu beherrschen, werden die Rollen getauscht. Nun muß der Freund sich an den Schwierigkeiten dieses Gegenangriffs versuchen. Anschließend ist zu überlegen, wie der eigene Angriff noch wirksamer gemacht werden kann, um den Gegenangriff abzulenken.

GLEICHSEITIGER FAUSTSTOSS/ GEGENSEITIGER FAUSTSTOSS

Die vier Abbildungen zeigen einen komplizierteren Ablauf eines Freikampfs mit vier Techniken für Angriff und Gegenangriff. Das Photo links oben zeigt den Beginn des Angriffs durch den Gegner links mit einem gleichseitigen Fauststoß zum Kopf (Oi-Tsuki Jodan). Im Bild rechts beginnt der Partner mit einem sehr schönen Kreisblock den Stoß abzuwehren, was ihm taktische Überlegenheit vermittelt.

Das Bild links unten zeigt den Kreisblock.

Auf dem Bild rechts unten wird deutlich, wie kraftvoll ein Gegenangriff sein kann: Der gegenseitige Fauststoß wird stark und mit gutem Timing ausgeführt und bildet den wirksamen Abschluß von Abwehr und Konterkombination.

KIAI

Der Kiai (Kampfschrei) ist ein Punkt, den man einem Anfänger nur schwer beschreiben kann.
Der Schrei sollte nicht nur in der Kehle, sondern auch in Zwerchfell und Bauch entstehen und im Moment von Angriff oder Verteidigung explosionsartig erfolgen. Dieser Schrei wird auch von modernen Sportlern, z. B. Speerwerfern oder Gewichthebern im Augenblick höchster Anspannung gebraucht.
Schon die Indianer oder die Samurai stießen beim Angriff Schreie aus, um sich Mut zu machen und mit Ungestüm anzugreifen.
Dieser Schrei kann einen Gegner auch schocken und sollte immer möglichst kraftvoll ausgestoßen werden.

AUSWEICHSCHRITT/HANDKANTEN- SCHLAG

Die Abbildung auf der gegenüberliegenden Seite links oben zeigt die beiden Karateka in der typischen Freistilstellung. Diese Stellung ist beim Freikampf meist Ausgangsposition für alle Angriffs- und Abwehrtechniken.
Das Bild rechts daneben zeigt den Angriff mit einem Vorwärtsfußstoß, der durch Ausweichen und gleichzeitiges Ergreifen des Beins abgewehrt wird; mit blitzschnellem Timing ist er bereit für den Gegenangriff.
Das große Photo unten zeigt die Endstellung des Konterangriffs, bei dem ein Handkantenschlag zum Hals des Gegners gemacht wird.
Die ganze Kombination erfordert Balance und koordinierte Bewegungen.
Wer sie selbst probiert, wird sehen, wie schwer sie ist. Der Beginn des Gegenangriffs ist ein entscheidender Teil der Bewegung, denn man muß sich in einer Stellung befinden, die das ganze Körpergewicht hinter die Hand, also den Schlag verlegt.

FUSSFEGER/GEGENSEITIGER FAUSTSTOSS

Diese Kombination ist schwieriger als sie auf den Abbildungen aussieht, denn sie erfordert ein sicheres Gefühl für die Balance des Gegners. Die Endausführung dieser Technik sollte nur erfolgen, wenn man den Gegner auch tatsächlich werfen kann, indem man sein Gleichgewicht bricht.

Das große Bild zeigt, wie ein Faustangriff mit einer Handkantenabwehr abgeblockt und gleichzeitig ein Fußfeger angesetzt wird. Das Photo links darunter veranschaulicht diesen Angriff. Das obere Bild auf der gegenüberliegenden Seite zeigt die Ausführung des Fußfegers und die Vorbereitung zum Konterangriff.

Ein gegenseitiger Fauststoß zum Kopf beendet diese Kombination, die Abbildung darunter macht die Niederlage deutlich.

Beim Üben mit einem Freund sollte man ebenso beim Fauststoß wie beim Fallen sehr vorsichtig sein.

KARATE UND ANDERE KAMPF-SPORTARTEN

Viele asiatische Kampfsportarten sind verwandt mit Karate, z. B. Tai Chi, Judo, Aikido, Wing Chun und Kenpo, die manche Ähnlichkeiten mit Karate-Techniken aufweisen.

Es ist einer der großen Vorteile von Karate, daß — wenn ein bestimmtes, fortgeschrittenes Stadium erreicht ist — man auch andere Kampfsportarten bald meistern kann. Judo zum Beispiel ist eine vollendete, eigenständige Kunst und zugleich eine gute Ergänzung für Karate. Mit manchen Judotechniken kann man seinen Karate-Kampfstil noch wirksamer und abwechslungs-reicher machen. Für Anfänger ist je-doch ratsam, sich anfangs immer nur auf eine Kampfsportart zu konzen-trieren, um nicht verwirrt zu werden.

Karate-4

Nutzen und Vorteile der Kunst des Karate sind schon Jahrhunderte lang bezeugt. Aber obwohl seine Vorzüge immer gerühmt wurden, blieben seine Techniken zum großen Teil im Dunkeln verborgen. Die alten Meister betrachteten es als Übertragung großer Macht, wenn sie Neulinge in die Geheimnisse ihrer Kampfkunst einweihten. Deshalb gab es keine schriftlichen Aufzeichnungen, denn diese konnten ja mancherlei Banden in die Hände fallen, die das alte China durchstreiften.

Traditionell und allgemein gilt die Theorie, daß der indische Mönch Daruma bei einer Pilgerreise von Indien nach China das Karate dort einführte. Nur dank der Stärke seines Geistes und Körpers gelang es ihm auf dieser Reise, alle Schwierigkeiten, sogar Banditenüberfälle, zu überwinden und schließlich das Shaolin-Kloster im nördlichen China zu erreichen.

Dort stellte er fest, daß die meisten Mönche körperlich und geistig ziemlich schwach waren. Er entwickelte ein strenges und hartes Trainingsprogramm, aus dem die Mönche große Ausdauer und Stärke des Körpers sowie Kraft des Geistes gewannen.

Durch das Studium und die Übernahme vieler Kampftechniken der Tiere, die sich mit bereits existierenden Kampfformen vermischten, wurden die Shaolin-Mönche bald die gefürchtetsten Kämpfer ganz Chinas.

Um die von ihm entwickelten Techniken zu sichern, schuf Daruma ein formales Lehrsystem unter Zuhilfenahme von Katas, die alle vorkommenden Bewegungen in einem festen Ablauf vereinten und ohne Partner geübt werden. Aus dieser Form der Kata wurden die Karate-Techniken durch die Jahrhunderte hindurch überliefert.

Die alten Kampfkünste erreichten dann auf der Insel Okinawa das vielleicht wichtigste Stadium ihrer Entwicklung, als dort von der Feudalherrschaft jeglicher Gebrauch von Waffen verboten wurde. Dadurch entstanden viele Techniken des unbewaffneten Kampfs, die sich wiederum mit den Shaolin-Methoden vermischten. Durch hartes Training aller Techniken wurden die Inselbewohner gefürchtete Gegner selbst für einen Bewaffneten.

Dem Training der Katas kam dabei eine ganz entscheidende Bedeutung zu. Katas wurden von jeher allein und gegen imaginäre Gegner geübt, so daß zum Training kein Partner benötigt wird.

Diese Kampfkunst erhielt auf Okinawa nach ihrem Ursprungsland den Namen „China-Hand". Es war Meister Gichin Funakoshi – dem das Karate seinen ungeheuren Aufschwung in der Neuzeit verdankt –, der den Namen zu Kara-te = „Leere Hand" umwandelte. Karate war für ihn nicht nur eine Kampfkunst, sondern auch ein Mittel zur Charakterentwicklung. Funakoshi, der buddhistischen Philosophie verbunden, schrieb: „So wie ein Spiegel die glänzende Oberfläche jedes Gegenstands widerspiegelt und ein stilles Tal selbst leiseste Geräusche weitergibt, so muß der Karate-Schüler seinen Geist von Selbstsucht und Gottlosigkeit leeren im Bemühen, auf alle Situationen zu reagieren. Das ist der Sinn von Kara (= leeren) in Karate."

Funakoshi starb 1955 im Alter von 88 Jahren. 1922 führte er der japanischen Öffentlichkeit erstmals die moderne Form des Karate vor. Seine Vorführung traditioneller Kampfkunst war so eindrucksvoll, daß man ihn drängte, auch in Tokio Karate zu lehren. So gründete er dort seine Shotokan-Schule. (Shoto war sein Spitzname und Kan bedeutet Schule.) Shotokan ist im Westen der am weitesten verbreitete Karate-Stil und wird auch in diesen Abschnitten dargestellt.

Im Folgenden werden einige der Katas des Shotokan-Systems gezeigt. Kata ist sozusagen das Rückgrat von Karate. Es wird von Karate-Sportlern aller Stufen ausgeübt und vereinigt in der praktischen Anwendung alle vorkommenden Karate-Techniken.

Die folgenden Abbildungen veranschaulichen die Schönheit, Kraft und Harmonie einiger Katas. Durch beständiges Üben lassen sich Haltung, fließende Bewegung und Körperbeherrschung ganz entscheidend verbessern.

Katas erfordern viel Übung und Hingabe, bis man sie perfekt ausführen kann. Aber sie sind die Grundlage der Karate-Techniken und daher ein wichtiger Teil des Trainings. Obwohl sie einen großen Zeitaufwand erfordern, macht es Spaß, sie zu üben und zu lernen. Das Können in Kata bestimmt oft auch die Geschicklichkeit bei der Anwendung der Karate-Techniken.

Katas sind so zahlreich, als daß man alle hier darstellen könnte; die einzelnen Bewegungen aus Katas in diesem Abschnitt sind mehr als Einführung gedacht. Um ihre Vorzüge gut zu verstehen, sollten sie sehr oft geübt werden. Der Gewinn daraus kann so groß sein, daß man dann noch weitere Katas lernen möchte.

KATA NIJU SHIHO

Die Bildfolge aus der Niju Shiho Kata zeigt den gleichzeitigen Gebrauch von Abwehr und Schlag gegen einen von hinten angreifenden Gegner.

Das Photo oben verdeutlicht eine Kata-Stellung. Das vordere Bein ist leicht gebeugt, das hintere Bein im Winkel von 45 Grad zum Körper. Der vordere Arm soll ausgestreckt nach oben deuten, während der hintere Arm auf gleiche Art nach unten zeigt, mit der Handfläche nach oben.

Nach dieser Stellung entspannen und wieder eine natürliche Haltung einnehmen.

Danach versucht man, in die gleiche Niju Shiho Stellung zu springen. Es wird einige Übung erfordern, Gleichgewicht und Symmetrie der Bewegungen zu vervollkommnen.

Das Bild auf der gegenüberliegenden Seite oben links zeigt, wie ein Gegner von hinten angreift. Der Verteidiger rechts erkennt diesen Angriff und bereitet sich vor, ihm zu begegnen.

Das untere Photo demonstriert die erwähnte Niju Shiho Stellung, mit der der Verteidiger den Angriff wirksam abblockt und mit einem Handinnenkantenschlag kontert.

Dieser Bewegungsablauf kann mit einem Freund geübt werden; aber: Vorsicht beim Herumschwingen! Die Technik ist nicht so leicht wie sie aussieht und verlangt viel Übung.

Gelegentlich vertauscht man auch die Rollen, um beide Seiten der Stellung verstehen zu lernen.

YOGA UND KARATE

Karate erfordert eine große Geschmeidigkeit und Beweglichkeit der Glieder. Viele Anfänger merken schon beim Üben der Grundtechniken, daß ihre Muskeln und Gelenke nach kurzem Training steif werden.

Auch die Fähigkeit, hohe Beintechniken auszuführen, auf den Fersen zu hocken oder das Becken einzudrehen und auf einem Bein zu balancieren, ist anfangs oft schwierig und muß gemeistert werden.

Viele der Stellungen des Hatha Yoga bilden eine ideale Ergänzung zu den Karate-Bewegungen. Sie fördern Geschmeidigkeit und Kraft, was wiederum dem Karate-Training zugute kommt. Man lernt Karate schneller und bekommt gleichzeitig Zugang zu einer anderen Disziplin.

KATA HEIAN YONDAN

Dieser Teil der Heian Yondan Kata kann als Block und als Handkantenkonter zum Hals des Gegners benutzt werden. Im Bild rechts unten wird links die entsprechende Kata-Position gezeigt. Das Gewicht liegt vorn auf dem linken Bein, während das rechte Knie leicht gebeugt ist, um beim Stoß nach vorn größere Beweglichkeit zu erzielen.

Die Handfläche der Angriffshand zeigt mit angewinkeltem Daumen nach oben.

Diese Position ist selbständig und danach mit einem Partner zu üben, wobei dessen Faustangriff abgeblockt werden muß.

KATA NIJYU SHIHO

Die obige Bildfolge zeigt drei Bewegungen aus der Nijyu Shiho Kata.

Das Photo links veranschaulicht eine Stellung, die große Balance und Beherrschung verlangt.

Auf dem mittleren Bild sieht man den weiteren Verlauf der Kata. Das rechte Bein macht einen Seitwärtsfußstoß, während gleichzeitig die rechte Faust geballt und in Schulterhöhe gehalten wird.

Im Bild rechts folgt die Abschlußtechnik dieser Folge. Das rechte Bein wurde zurückgeführt und der dabei entstandene Schwung gleich für einen Faustsstoß mit dem linken Arm ausgenutzt.

Dieser Teil der Kata erfordert ein hohes Maß an Beherrschung. Man sollte das allein ausprobieren.

Der Seitwärtsfußstoß macht wohl die meisten Schwierigkeiten. Der obere Körperteil darf sich mit dem Eigengewicht zur Seite neigen. Beim Üben ist es wichtiger, diese Bewegung im richtigen Winkel abzustoppen, als die Fußtechnik tatsächlich auszuführen.

Die unteren drei Bilder demonstrieren die Anwendung dieses Teils der Nijyu Shiho Kata.

Links sieht man zunächst, daß ein Faustangriff abgeblockt werden muß.

Nach erfolgreicher Abwehr kontert der Gegner rechts mit einem Seitwärtsfußstoß zum Magen, wie das mittlere Bild zeigt.

Das Photo rechts veranschaulicht den zweiten Teil des Gegenangriffs. Auf den Seitwärtsfußstoß von rechts folgt ein Faustsstoß zum Magen des Gegners links.

Wer glaubt, diesen fundamentalen Teil der Katas genügend zu beherrschen, kann versuchen, ihn mit einem Freund äußerst vorsichtig zu üben. Es gibt so viele Einzelbewegungen, daß es bei einer falsch berechneten Technik leicht zu Verletzungen kommen kann. Aus diesem Grund übt man zunächst ganz langsam und mit wenig Kraft. Erst bei spürbaren Fortschritten vergrößert man seine Geschwindigkeit.

Wie oft soll man Karate trainieren? Wieviel Zeit muß man auf das Training verwenden?

Solche Fragen können nur aus der individuellen Situation beantwortet werden. Tritt man einem Verein bei, werden regelmäßige Trainingszeiten organisiert und jeder wird den Trainer finden, mit dem ein Training für den günstigsten Zeitpunkt vereinbart werden kann.

Wer zu Hause trainiert, bestimmt den Zeitaufwand selbst. Körperliche Verfassung und Ausdauer bestimmen meist, wie lange Karate-Techniken geübt werden können. Aber: je größer die Begeisterungsfähigkeit, desto schneller die Fortschritte! Ein Anfänger muß jedoch ziemlich viel Zeit auf das Training verwenden.

KATA KANKU-DAI (1)

Das Bild rechts zeigt eine Stellung aus der Kanku-Dai Kata. Das Körpergewicht liegt auf dem linken Bein, wobei das rechte Bein möglichst weit nach hinten gestreckt ist. Die Zehen des rechten Fußes zeigen nach außen, so daß nur die innere Fußkante den Boden berührt. Position der Hände wie auf der Abbildung.

Das Bild unten veranschaulicht die praktische Anwendung dieses Teils der Kata. Der Gegner rechts greift mit einem Fauststoß an, der abgeblockt und mit einem gleichzeitigen Schlag in die Leistengegend gekontert wird. Diese Bewegung läßt sich durch ein Fassen des Beins des Gegners mit anschließendem Wurf erweitern, wobei man aber sehr vorsichtig sein muß.

27

KATA KANKU-DAI (2)

Die folgende Variante der Kanku-Dai Kata veranschaulicht, wie ein Gegner aus dem Gleichgewicht und zu Boden gebracht werden kann. Das Photo links verdeutlicht die Position aus der Kata, während unten die Anwendung dieser Technik gezeigt wird. Nach dem Schlag zur Leistengegend des Gegners wird dessen Knie ergriffen und er so aus dem Gleichgewicht gebracht.

Auf dem Bild Seite 29 oben wird der Griff noch beibehalten. Das Knie des Gegners wird so weit hoch gehoben, bis dieser völlig aus dem Gleichgewicht und damit außer Gefecht gesetzt ist, wie das Photo darunter zeigt.

Beim Üben mit einem Partner ist insbesondere bei der Wurftechnik äußerste Vorsicht geboten. Wieder langsam beginnen und die Schnelligkeit erst erhöhen, wenn man sich ziemlich sicher fühlt und beim Wurf vorsichtig und weich landet.

Wer diesen Teil der Kata beherrscht, sollte versuchen, ihn mit den in Teil 1 gezeigten Bewegungen zu verbinden. Da sie nicht so schwer sind wie manche anderen Karate-techniken, kann man sie ziemlich schnell erlernen.

Diese und andere Kata-Bewegungsabläufe sollten möglichst oft geübt werden. Es gibt zahlreiche andere Katas, die man im Verlauf des Karate-Trainings beherrschen muß, um schließlich den schwarzen Gürtel zu erlangen.

Da das Karatetraining ein sehr wichtiger Aspekt des Karate ist, ist es ratsam, bei einem Meister (Sensei) zu lernen. Auf diese Weise ist es unmöglich, sich falsche Techniken anzugewöhnen, die sich nur schwer wieder korrigieren lassen. Jede Technik wird so gelernt, daß sie einem quasi in Fleisch und Blut übergeht.

KARATE UND ZEN

Viele Karateka trainieren jahrelang und beherrschen dennoch nicht die dem Karate zugrunde liegende Zen-Philosophie. Das oberste Ziel eines jeden Karate-Schülers sollte die vollständige Beherrschung von Körper und Geist sein, bis zur vollkommenen Harmonie. Ist jemand zaghaft oder schüchtern, sollte er lernen, diese Gefühle auszuschließen, ruhig und wachsam zu werden. Ist jemand aggressiv, sollte er seine Aggressivität beherrschen lernen. Andererseits kann Zorn ungeahnte Kräfte mobilisieren; deshalb sollte ein guter Karateka dieses Gefühl bewußt hervorrufen und trotzdem seine innere Ruhe bewahren können, so daß er alles unter Kontrolle hat.

Die Entwicklung des Geistes ist weit schwerer, als das Erlernen von Techniken.

Karate-5

Karate ist gegen jede Art von Angriff ein ausgezeichnetes Mittel zur Verteidigung. Zwar macht einen niemand auf gleichsam wunderbare Weise unbezwingbar; aber nichtsdestoweniger gibt es ein hohes Maß an Überlegenheit.

Die dem Karate zugrunde liegende Philosophie verlangt, daß diese Kampfkunst nur im äußersten Notfall angewandt wird, aber dann mit höchster Kraft. Die Möglichkeit – und sei sie auch noch so gering –, daß man irgendwann in seinem Leben einmal angegriffen wird oder andere verteidigen muß, läßt sich nicht ausschließen. Zeitungen und Fernsehen berichten immer mehr von Überfällen auf friedliche Bürger.

Es braucht wohl kaum betont zu werden, daß es am besten ist, jedem Streit aus dem Weg zu gehen. Die beste Art der Selbstverteidigung ist, wegzulaufen oder den Angreifer zu beschwichtigen. Wenn er z.B. Geld will, so ist es besser, dies herzugeben, denn die Gesundheit läßt sich nicht mit Geld aufwiegen. Das eigene Verhalten sollte sich ganz nach der Situation richten. Bleibt aber kein anderer Ausweg als ein Kampf, dann erhöht Karate die Chancen ganz beträchtlich.

Man sollte also schon zu Beginn des Karate-Trainings diesen Selbstverteidigungsaspekt berücksichtigen.

SITUATION 1

Die Bilder dieser und der gegenüberliegenden Seite demonstrieren eine Technik, die man bei einem Angriff von hinten im Auto anwenden kann. Obwohl dies ganz unwahrscheinlich ist, sollte man doch wissen, wie man sich in solch einer Situation verhält.

Das obige Bild zeigt, wie ein Angreifer den Beifahrer im parkenden Auto von hinten mit einem Würgegriff um den Hals packt.

Die erste Verteidigungsbewegung wird auf dem Photo darunter gezeigt: Halsmuskeln anspannen und Schultern hochnehmen, um nicht abgewürgt zu werden.

Auf Seite 31 sieht man oben genau, wie sich der Angegriffene leicht zur Seite dreht, um einen Gegenangriff machen zu können.

Das Photo darunter veranschaulicht den entscheidenden Teil der Verteidigung: Zwei Finger der linken Hand stechen in die Augen des Angreifers. Verfehlt man zunächst sein Ziel, stößt man so lange zu, bis der Angreifer seinen Griff löst.

Die wichtigste Reaktion am Anfang ist, sich irgendwo vorn im Wagen festzuhalten (mit der rechten Hand), um nicht nach hinten gezogen werden zu können.

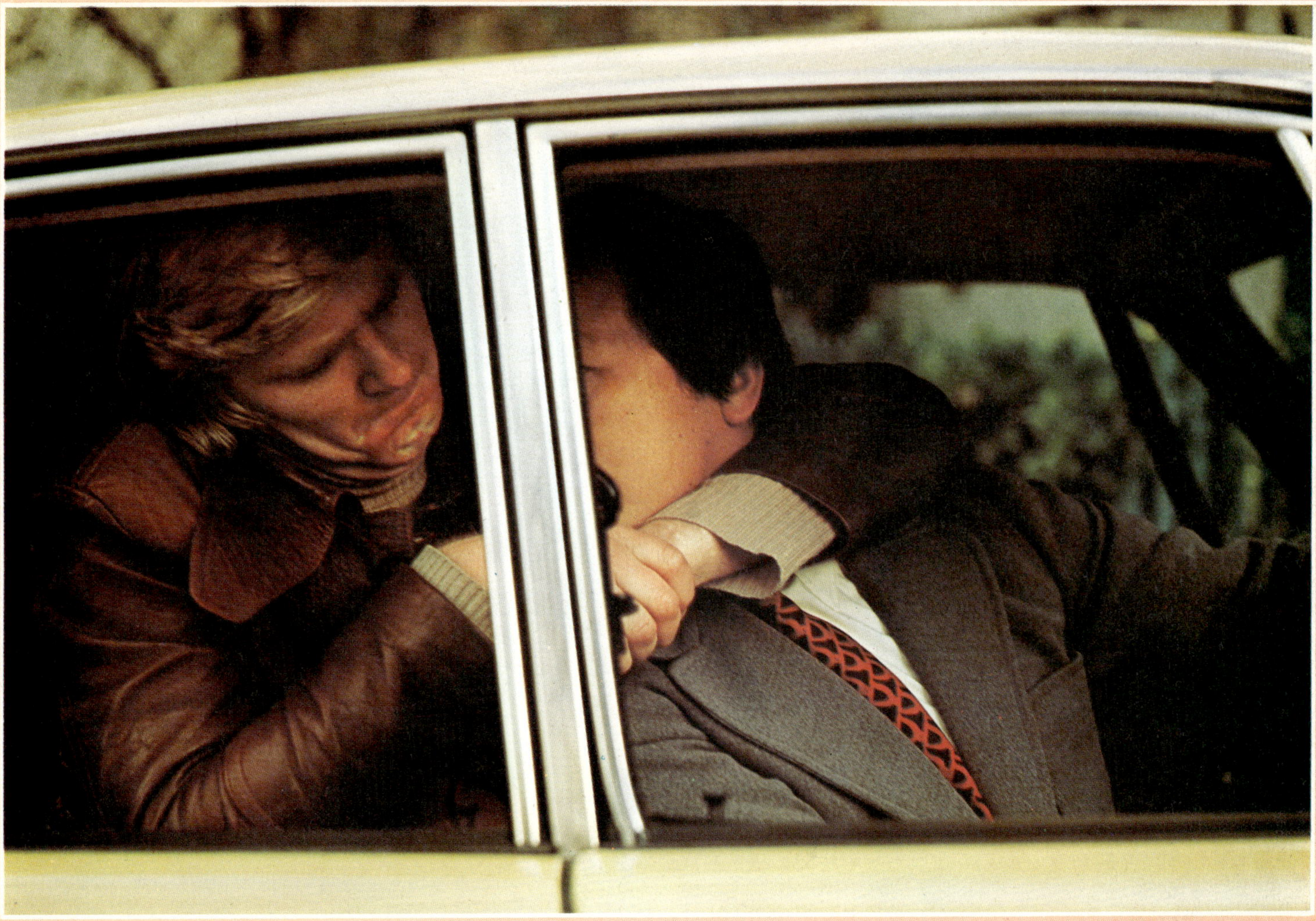

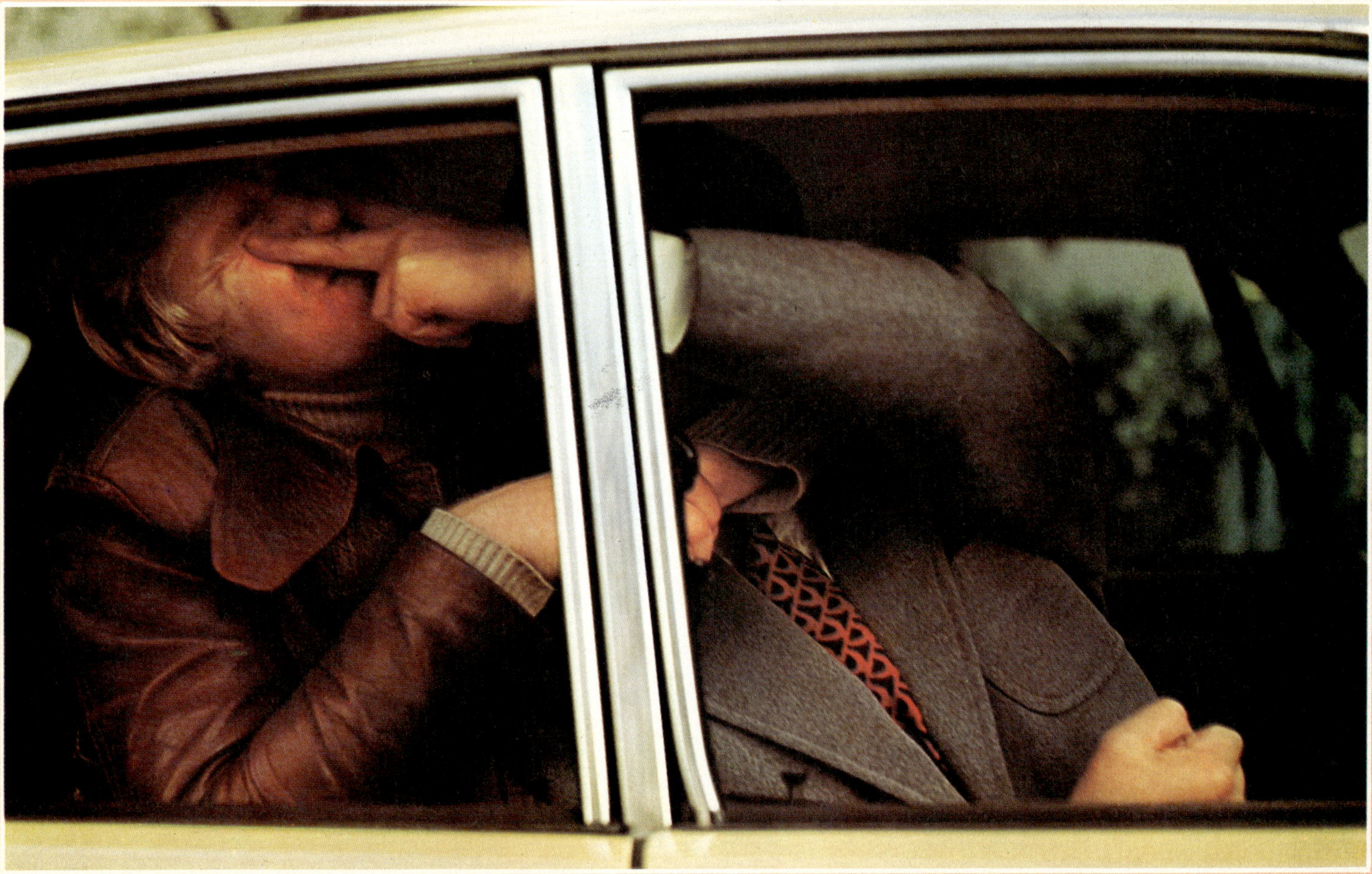

SITUATION 2

Die Bilder dieser beiden Seiten demonstrieren eine Verteidigung gegen zwei Angreifer.

Oben links greift der Mann rechts mit einem Messer an, während sein Komplize das Opfer im Armhebelgriff hält. Das mittlere Bild zeigt die erste Verteidigungsreaktion. Sobald das Messer in Reichweite kommt, läßt es sich am wirksamsten mit einem Kreisfußtritt wegtreten.

Im Bild unten wird der rechte Angreifer endgültig ausgeschaltet. Ein heftiger kraftvoll getretener Seitwärtsfußstoß zum Magen macht ihn kampfunfähig.

Auf Seite 33 veranschaulichen die zwei Bilder oben, wie ein Angreifer zu Boden geht und der Gegenangriff auf seinen Komplizen beginnt.

Auf dem mittleren Bild dreht sich der Angegriffene in den Armhebel hinein und bringt nun seinerseits unter Einsatz von Schultern und Hüften einen Armhebel an.

Die beiden Abbildungen darunter verdeutlichen den Abschluß des Gegenangriffs. Unter Beibehaltung des Armhebels wird der Angreifer aus dem Gleichgewicht gebracht, der Verteidiger macht einen Kniestoß ins Gesicht und überwältigt den Angreifer.

Bei dieser Selbstverteidigungstechnik ist es am wichtigsten, immer das Messer im Auge zu behalten. Sind zwei Angreifer wirksam zu bekämpfen, muß man schnell sein und ein gewisses Überraschungsmoment auszunutzen wissen.

WAFFEN

Gegen einen unbewaffneten Angreifer hat ein guter Karateka einen entscheidenden Vorteil. Wenn der Angreifer aber ein Messer oder irgendeine andere Waffe gebraucht, muß man bei Anwendung seiner Selbstverteidigungstechniken sehr vorsichtig sein. Selbst eine mit dem Messer wenig geübte Person kann äußerst gefährlich sein, schon wenn er nur mit dem Messer vor dem Körper des Angegriffenen herumfuchtelt.
Zur Abwehr eines solchen Angriffs sind eine große Schnelligkeit und Beweglichkeit erforderlich. Diese Qualitäten entwickeln sich nur in hartem Training.

SITUATION 3

Die Bilder dieser zwei Seiten zeigen eine meisterhafte Verteidigungstechnik. Sie sollte nur versucht werden, wenn man die Beintechniken sehr gut beherrscht. Ein Ungeübter kann sich damit möglicherweise selbst exponieren und der Gefahr einer Verletzung aussetzen.

Der Mann auf dem Photo oben links argwöhnt, daß hinter der Ecke ein Angreifer lauert – möglicherweise bewaffnet. Rechts daneben schleicht sich der Angreifer heran. Das „Opfer" bleibt so ruhig wie möglich, damit es alle Bewegungen des Angreifers hören kann.

Im Bild rechts unten sieht man das „Opfer" in eine Stellung gehen, aus der heraus es einen Fußtritt machen kann. Es wartet nur darauf, daß der Angreifer um die Ecke kommt.

Das große Photo ganz rechts demonstriert, wie der Angriff abgewiesen wird. Der Angreifer ist aber immer noch bewaffnet. Aus diesem Grund ist es äußerst wichtig, daß der Fußtritt schnell und sehr kraftvoll ausgeführt wird. Er sollte stark genug sein, den Angreifer aus dem Gleichgewicht zu bringen und ihm große Schmerzen zuzufügen, so daß ein anschließender Gegenangriff leicht gemacht werden kann. Je stärker der Tritt, desto leichter wird es sein, ihm das Messer zu entwinden.

Kung-Fu-1

Der Begriff Kung-Fu bedeutet keineswegs – wie viele Leute meinen – „Chinesische Kampfkunst". Er bezeichnet nur so etwas wie Fähigkeit, harte Arbeit, Aufgaben und außergewöhnliche oder spezielle Geschicklichkeiten. Manchmal steht er auch allgemein für Übung. Der eigentliche Aufgabenbereich der Chinesischen Kampfkunst ist Chung-Kuo Chuan (= chinesische Faust oder Hand). Wahrscheinlich gibt es im chinesischen Boxen mehr Stile als im Karate, und jeder Stil enthält auch Elemente der anderen. Die meisten Stile indessen enthalten einige Kampfbewegungen, die allen auf dem riesigen chinesischen Festland angetroffenen Stilen gemeinsam ist.

Über den Ursprung des chinesischen Boxens oder Kung-Fu, wie es im Westen genannt wird, existieren keine überlieferten Aufzeichnungen. Dieser Mangel macht es schwierig, exakt darüber zu berichten. Wahrscheinlich steht es in Verbindung mit dem Shaolin Kloster und dem Wandermönch Bhodidharuma (Daruma; vgl. auch Karate-4).

Die Entwicklung des Kung-Fu ist eng verknüpft mit den Regionen, in denen die verschiedenen Kampfstile entstanden. Im gebirgigen Nordchina etwa, wo die Bewohner durch Vererbung und Arbeit starke Beine hatten, entwickelten sich Stile, die sich auf Fuß- und Beintechniken konzentrierten: Stile wie Wing Chun, Pa Kua, Tam Tuie, Gottesanbeterin und Affe. Im Süden, wo die Mehrzahl der Bewohner auf den Reisfeldern arbeitete oder sich in bzw. auf dem Wasser bewegte und daher starke Arme hatte, entstanden vorzugsweise Oberkörper- und Armtechniken: Hung Gar, Weißer Kranich, Drachen, Mot Gar und Choy Lat sind einige der gebräuchlichsten.

Trotz dieser vielen Unterschiede können die Systeme doch in zwei Hauptgruppen eingeteilt werden, nämlich in ein externes und ein internes System. Jeder Stil des Kung-Fu stützt sich auf eines dieser beiden Systeme; jedoch findet man meist Mischformen vor. Die externe Schule läßt sich am besten als die harte, aggressive und kraftvolle Seite des Kung-Fu beschreiben, während die interne Richtung sanft und geschmeidig ist; der Ausübende erscheint beim Kampf defensiv und nachgebend, bevor er den Angriff kontert. Es muß jedoch noch einmal betont werden, daß die meisten Kung-Fu-Stile eine Mischform der externen und der internen Systeme darstellen.

Das Üben und Entfalten von Formen ist im Kung-Fu sehr beliebt. Diese Formen (im Karate Katas genannt) weisen viele der anmutigen tierähnlichen Bewegungen auf, die in jedem Stil enthalten sind. Sie zeigen die harmonisch fließenden Techniken, ge-

schmeidige Bewegungen und feinste Körperbeherrschung, die zur Meisterung der simulierten Kampfsituationen nötig sind. Einige sind hart und schnell, während andere weich und von großer Geschmeidigkeit sind.

Im Kung-Fu können die Formen, wie die Katas beim Karate, entweder allein oder in Gruppen geübt werden. Durch sie verbessert der Schüler seine Technik, steigert seine Konzentrationsfähigkeit, vergrößert die Elastizität und Kraft. Außerdem kann man die Techniken voll durchschlagen, weil niemand da ist, der verletzt werden kann.

Kung-Fu ist eng mit der Zen-Philosophie verknüpft. Wie bereits vorher erwähnt, erhielt das Chinesische Boxen die wichtigsten Impulse von den Mönchen des Shaolin Klosters, die vom Morgengrauen bis zur Abenddämmerung hart arbeiteten und danach viele Stunden still meditierten. Es gehörte nicht zur Philosophie der alten chinesischen Meister, ihre unglaublichen Kampfkünste öffentlich zu zeigen. Als zum Beispiel König Idsuan, ein Kriegsherr von Chou, von einem berühmten Kämpfer namens Po-Kung hörte, ließ er diesen an seinen Hof kommen. Als er ihn dann sah, war er entsetzt über die schwächliche Figur des Po-Kung. Auf die Frage nach seiner gefürchteten Stärke antwortete Po einfach und bescheiden: „Ich kann den Flügeln der Herbstgrille widerstehen und das Bein des Frühlingsgrashüpfers schnappen." Der König erwiderte brüllend: „Ich kann zehn ausgewachsene Büffel am Schwanz ziehen und einem Nashorn mit bloßen Händen die Haut abziehen, und doch schäme ich mich meiner Schwäche. Wie kommt es also, daß Ihr so berühmt seid?" Da antwortete Po: „Mein Lehrer war Tsu-Shang-Chini, dessen Kraft und Stärke auf der Welt einzig dasteht, und doch wußten nicht einmal seine Verwandten davon, denn er wandte sie niemals an."

Heute ist, dank Kino und Fernsehen, das Interesse an Kung-Fu ungeheuer gewachsen. Der moderne Mensch kann viel Nutzen daraus ziehen, wenn er in hartem Training Kung-Fu erlernt. Die Mühe wird belohnt durch ein starkes Gefühl der Befriedigung und Erfüllung. Die folgenden Seiten illustrieren zum besseren Verständnis die vielen Stile und Techniken des Kung-Fu.

TIGERSCHWANZTRITT

Das Photo veranschaulicht einen Tigerschwanztritt, eine sehr starke, nach rückwärts gerichtete Tritt-Technik; die Beine werden wie ein Tigerschwanz heftig und schnell nach oben geschlagen.

DIE ENTWICKLUNG DES KUNG-FU

Die Entwicklung des chinesischen Boxens wurde ganz entscheidend von den zahlreichen Kriegen und Schlachten geprägt, die während Chinas langer und harter Geschichte regelmäßig zwischen rivalisierenden Sippen entbrannten. Ein traditioneller chinesischer Boxer kann nicht mit dem heutigen Boxer westlicher Prägung verglichen werden, dem allein die Anwendung von beschränkten Handtechniken erlaubt ist, während das herkömmliche chinesische Boxen eine Kunst der Selbstverteidigung ist, die verschiedene Techniken des Tretens, Schlagens, Stoßens, Greifens, Ringens und Werfens enthält. Das Ziel ist dabei, unter Einsatz aller Mittel den Gegner zu besiegen. So konnte man auch kratzen, beißen, Augen ausreißen, falls die üblichen Methoden keinen Erfolg zeigten. Beim Kung-Fu wurde zudem die perfekte Handhabung von Waffen erlernt, z. B. Bogen, Schwert, Stock oder ähnliche Waffen, denn man mußte auch auf bewaffnete Zweikämpfe gefaßt sein.

DER HAMMERSCHLAG

Das Photo auf Seite 38 zeigt einen zum Kopf des Gegners geführten Hammerschlag. Man beachte, daß sich jedoch das Knie und die linke Hand des Angegriffenen in einer Position befinden, in der sie noch einen gewissen Schutz bieten. Man sollte daran denken, daß ein einzelner Schlag nicht unbedingt kampfunfähig macht; man sollte ständig für eine Nachfolgetechnik bereit sein.

DIE KRANICHSTELLUNG

Das Bild unten links veranschaulicht eine klassische Stellung, die auf dem Kampf eines Kranichs mit einem Tiger basiert. Es ist imitiert, wie der Kranich auf einem Bein steht und die Flügel streckt. Kampfstellungen des Kung-Fu gehen häufig auf charakteristische Tierbewegungen zurück.

DIE SÜDLICHE KAMPFSTELLUNG

Das Photo unten rechts zeigt eine im Süden Chinas entwickelte Kampfstellung. Die Beine stehen felsenfest, während Hände und Arme bereit sind, Schläge mit ungeheurer Geschwindigkeit auszuteilen und gleichzeitig jeden Angriff abzublocken.
Der südliche Kampfstil bevorzugt einen vermehrten Gebrauch von Armen und Händen.

Kung-Fu-2

Der erste Schritt beim Erlernen des Kung-Fu besteht darin, einen guten Lehrer zu finden, der nicht nur die Techniken perfekt beherrscht, sondern auch das Talent hat, sein Wissen weiterzugeben. Sobald dieser Mann gefunden ist, befindet man sich bereits auf dem Weg, nicht nur die körperlichen, sondern auch die geistigen Fähigkeiten besser und intensiver zu verstehen.

Zu Beginn besteht das Training aus dem Erlernen der Techniken, und nur durch deren ständige Wiederholung lassen sich Fortschritte erzielen. Als nächstes wird die Anwendung jeder Technik erklärt, danach jeder Angriff und Gegenangriff wieder und wieder mit einem Partner geübt. Schließlich erreicht man jenes Stadium, in dem die Techniken sitzen, quasi in Fleisch und Blut übergegangen sind. Danach werden wiederum die Formen geübt, und man arbeitet lange Zeit an ihrer Perfektionierung, bis sie endlich mit Kraft, Eleganz und Harmonie gelingen. Das ist der Zeitpunkt, in dem man die zugrunde liegende Philosophie der alten Meister zu begreifen beginnt.

Schließlich kann der Kung-Fu-Ausübende dann den Freikampf üben, der oft mit Körperschutz, Kopfschutz, Handschuhen, Schienbeinschützern und Schuhen ausgeführt wird, damit alle Techniken wirklichkeitsnah praktiziert werden können, was den Kämpfern ein besseres Verständnis ihrer Techniken gibt; sie können harte Treffer landen, ohne den Partner zu verletzen.

Wer sich einmal zur Erlernung eines bestimmten Kung-Fu-Systems entschlossen hat, profitiert in dem Maße vom Training, wie er Zeit und Begeisterung aufzuwenden bereit ist. Am Ende erlangt man vollkommene Beherrschung über Körper und Geist.

Will man die Kampftechniken des Kung-Fu verstehen, muß man die internen und die externen Methoden erklären, die auf dem Prinzip von Yin und Yang beruhen.

Die interne Schule konzentriert sich auf die Erzeugung innerer Kraft, ist nachgiebig beim Angriff und besiegt dann anscheinend mühelos den Gegner. Entspannung und Atemtechniken sind wichtige Faktoren. Es werden auch kreisförmige Techniken verwendet, die einen direkten Angriff enthalten und dessen Kraft um den Gegner herumlenken; so wird vom Verteidiger das Harte mit dem Weichen bekämpft.

Kämpft man gegen einen Anhänger der internen Schule, hat man ein Gefühl, als fiele man in einen See. Das Wasser bietet beim Eintauchen keinen Widerstand. Ist man aber untergetaucht, so werden alle Bewegungen von ihm beherrscht, sei das Wasser ruhig oder bewegt. Auf die gleiche Weise fällt ein Angreifer der Kraft des Verteidigers nach dem internen System anheim.

Die externe Schule läßt sich als die kraftvolle, direkte, eher aggressive Form des Kung-Fu bezeichnen, bei der die Stärke von außen kommt und man beim Kampf Kraft gegen Kraft setzt. Sowohl die interne als auch die externe Methode ist sehr komplex, und es bestehen so viele Mischformen, daß eine klare Trennungslinie zwischen beiden fast unmöglich ist. Es genügt jedoch zu sagen, daß jedes Kung-Fu ein langes Training voraussetzt, bevor man diese beiden komplizierten Systeme richtig einschätzen kann.

DER SEITLICHE SPRUNGSTOSS

Die Abbildung links veranschaulicht einen spektakulären seitlichen Sprungstoß. Diese Technik wurde allgemein benutzt, um Hindernisse – etwa am Boden liegende Gegner – zu überspringen oder aus dem Sattel zu werfen. In manchen Fällen wurde sie auch gegen die Pferde selbst angewandt. Ein geschickter Kung-Fu-Kämpfer weiß um die verletzlichen Stellen bei Pferd und Mensch.

DER GERADE FAUSTSTOSS

Das rechte Photo zeigt einen starken geraden Fauststoß zur Solar-Plexus-Gegend. Solch ein Schlag kann einem Menschen vorübergehend den Atem nehmen und sollte deshalb nicht angewandt werden.

DER SCHERENWURF

Obiges Photo zeigt die Ausführung eines gesprungenen Scherenwurfs. Beim Vorwärtsspringen werden die Beine scherenartig geöffnet, um die Beine des Gegners zu umschlingen, wodurch er nach hinten zu Boden geht und in eine hilflose Lage kommt.

DIE NACHFOLGETECHNIK

Im Bild rechts unten sieht man die Nachfolgetechnik zum Scherenwurf, bei der die linke Hand des Gegners festgehalten und ein Handkantenschlag zur Kehle gemacht wird. Wenn nötig, ist ein geübter Kung-Fu-Kämpfer immer in der Lage, einer schnellen Bewegung sofort eine andere Technik nachfolgen zu lassen.

NÖRDLICHE KAMPFSTELLUNG

Das Bild rechts oben veranschaulicht eine im gebirgigen Norden Chinas entwickelte Kampfstellung. Die Position ist bei beiden extrem tief und erlaubt trotzdem ein blitzartiges Nach-vorn-Springen. Vorbild für diese Stellung war der früher im Norden weitverbreitete Tiger.

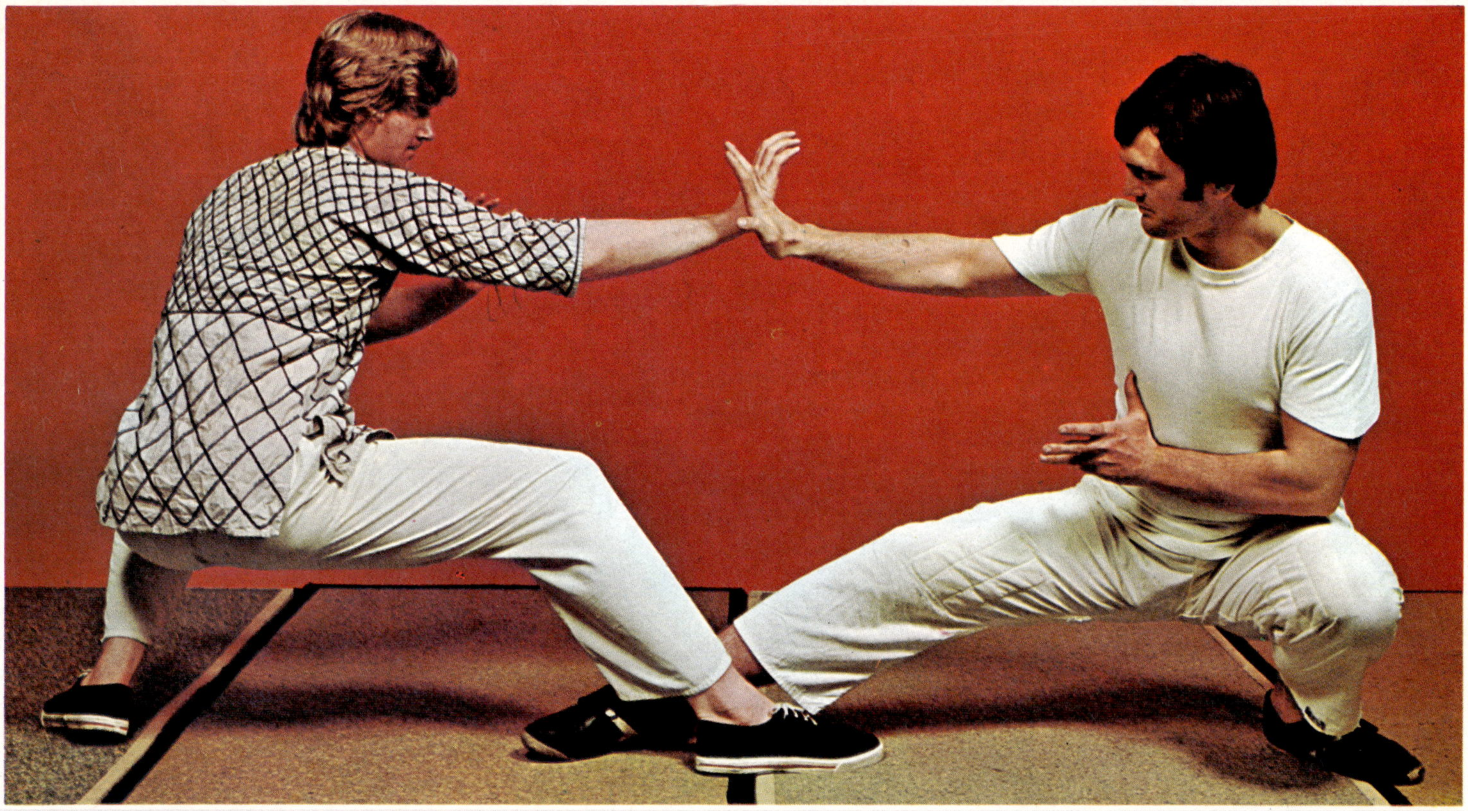

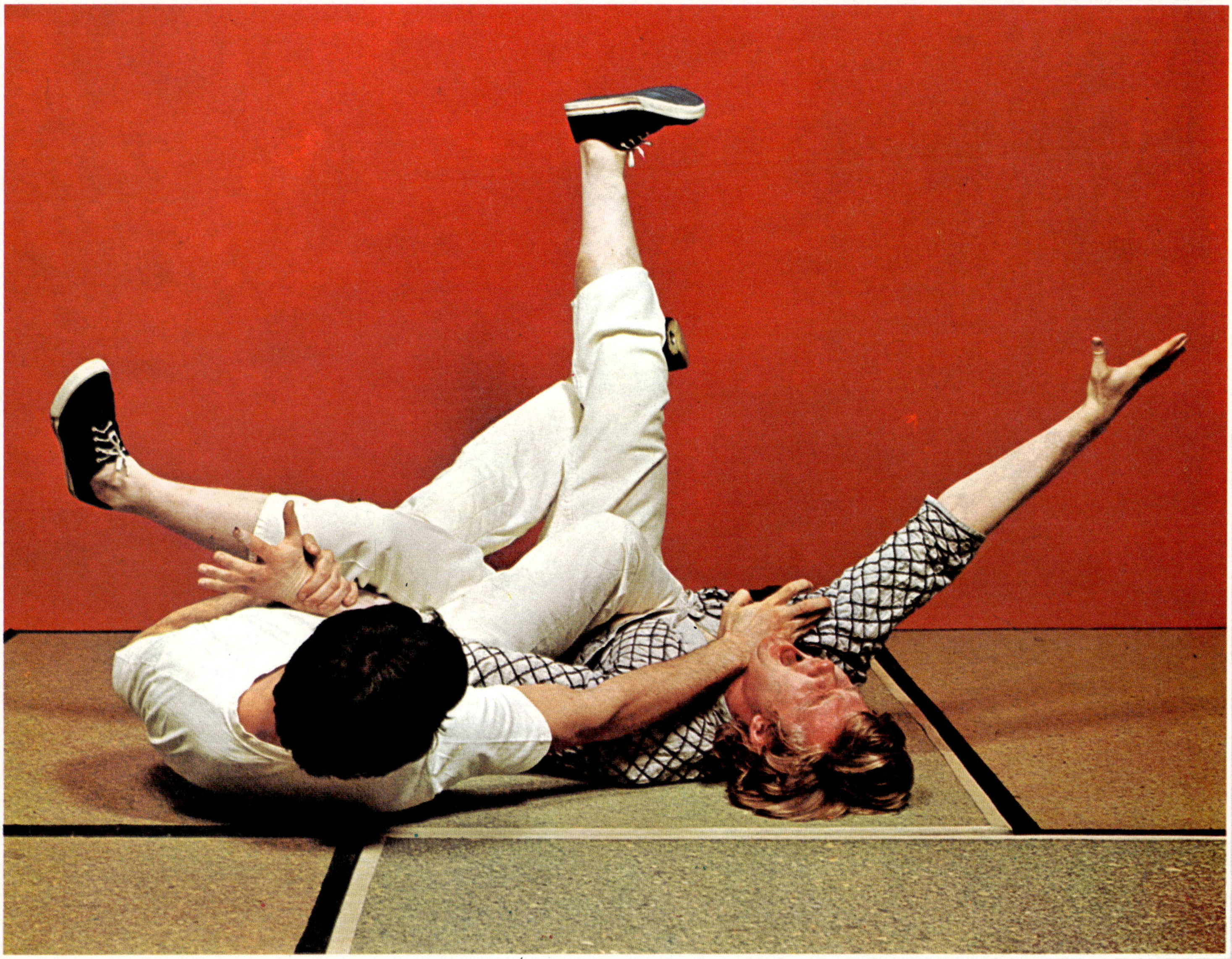

VERTEIDIGUNG

Das linke Bild zeigt den Gebrauch von Armen und Beinen zum Abschirmen und Schützen empfindlicher Körperstellen. Obwohl es theoretisch möglich ist, einen Fußfeger zum Standbein anzubringen, muß man daran denken, daß jeder Gegner sich sehr schnell bewegt.

GEGENANGRIFF

Das Bild unten macht deutlich, wie ein Fußtritt mit dem linken Arm abgewehrt und mit einem Hammerschlag zum Kopf gekontert wird. Dieser Schlag wird jedoch vom Kämpfer links mit der Handfläche abgewehrt.

SPRUNGTECHNIK

Im Photo rechts sieht man eine andere Sprungtechnik mit einem Hammerschlag zum Kopf. Diese Technik läßt sich gegen einen bewaffneten Angreifer anwenden, sobald dieser an einem vorbeigeht.

Judo ist ein aufregender, kräftigender und unterhaltsamer moderner Sport, der sich von Ju-Jitsu, der alten Kunst des unbewaffneten Kämpfens, herleitet.

Es wird allgemein vermutet, daß der chinesische Mönch Chin Gendin Judo nach Japan brachte. Wie sein Ursprung auch ausgesehen haben mag: in Japan verbreitete sich Ju-Jitsu sehr schnell. Zahlreiche Kriege und Sippenfehden, die Japan bis in die Neuzeit heimsuchten, steigerten seine Bedeutung. Im japanischen Rittertum gehörte das Training von Ju-Jitsu zur Ausbildung eines jeden Samurai (Ritter). Ein Erlaß aus dem Jahre 1871 verbot dem Samurai, ein Schwert zu tragen, wodurch das Ju-Jitsu-Training noch mehr begünstigt wurde.

Ende des 19. Jahrhunderts wurde von Dr. Jigoro Kano Judo als Sport formuliert und auch im Westen bekannt. Dank seiner Bemühungen errang es als erste asiatische Kampfkunst weltweite Verbreitung.

Schon vom ersten Moment an, in dem der Neuling das Dojo (Trainingshalle) betritt, umfängt ihn die erregende Atmosphäre des Judo. In zunehmendem Maße wird es ihm Zufriedenheit und Erfüllung bringen. Nach Doktor Kano ist „Judo ein Mittel zum Verständnis des Weges, der die geistigen und körperlichen Kräfte zur höchsten Vollendung führt. Durch hingebungsvolles Training und strenge Disziplin wird Perfektion in Angriff und Verteidigung erreicht, Körper und Seele werden geläutert und die geistige Essenz des Judo zum Bestandteil des ganzen Seins. So ist es möglich, sich selbst zu verbessern und etwas beizutragen, was für die Welt der Mühe wert ist".

Es gibt im Judo zahlreiche Techniken, die jeweils allein von einer gegebenen Situation abhängen. Das Wesentliche des Judo besteht im geschickten Gebrauch der Widerstandskraft, kombiniert mit der verwirrenden Wirkung des Nachgebens, die auch rohe Kraft überwältigen.

Die Kunst des Judo liegt in der Fähigkeit des einzelnen, die Bewegungen seines Gegners umzusetzen, zu deuten. Beispielsweise wird man mit der Stärke von Dreien regelmäßig einen Mann mit der Kraft von nur Zweien besiegen. Wenn jedoch der schwächere Mann seine Kraft mit der des Gegners kombiniert, etwa indem er drückt, während der Stärkere zieht, verdoppelt er seine Kraft; so kann er den Stärkeren leicht zu Boden bringen.

Dies ist Grundprinzip eines guten Judo, und die Erlangung dieser Geschicklichkeit im Training, kombiniert mit der eleganten Ausführung jeder Bewegung im Kampf, schenkt individuelle Erfüllung und Befreiung von Spannungen.

DIE ALLJAPANISCHEN MEISTERSCHAFTEN

Die berühmten Alljapanischen Meisterschaften wurden 1948 eingeführt. Dabei gibt es keine Gewichtsklassen und als Folge davon – obwohl theoretisch alle gleich stark sein müßten – hat bisher immer ein Schwergewicht den Titel gewonnen. Das Durchschnittsgewicht der Gewinner seit 1948 liegt bei 95 Kilogramm. Diese Meisterschaften sind Höhepunkt der japanischen Judosaison, und die Teilnehmer müssen sich durch regionale Ausscheidungen qualifizieren. Die ersten Runden sind meist am aufregendsten; sobald in den Endkämpfen der Druck zunimmt, riskieren die Kämpfer weniger.

AUSGANGSSTELLUNG

Das Photo links zeigt die richtige und natürliche Ausgangsstellung. Beide Judoka (Judo-Sportler) ergreifen den linken Ärmel und den rechten Kragen des anderen, um so den für einen starken Wurf und eine gute Verteidigung nötigen festen Griff zu sichern. Starke Hände und Arme sind bei der Vorbereitung von Würfen sehr von Vorteil.

TAI-OTOSHI

Das große Photo rechts demonstriert die Position für einen Tai-Otoshi (Körperwurf). Der Partner rechts stellt das rechte Bein vor den Gegner. Um den Wurf ausführen zu können, ist es wichtig, den Griff nicht zu lockern.

DAS DURCHZIEHEN

Die Abbildung links zeigt das Durchziehen, das der Position des Tai-Otoshi folgt. Dem Armzug folgt hier ein Eindrehen der Hüfte in den Gegner und dessen zu-Boden-ziehen.

DER ABSCHLUSS

Das letzte Photo zeigt die Endphase des Wurfs, wobei der ausgestreckte Arm des Geworfenen auffällt. Wenn er im Moment des Auftreffens mit Hand und Arm kurz federnd auf den Boden schlägt, läßt sich die Aufschlagswucht beträchtlich verringern. Deshalb wird immer wieder solch ein richtiges Fallen geübt.

DR. JIGORO KANO

Wenige haben sich für einen neuen Sport so eingesetzt wie Dr. Jigoro Kano, der Begründer des Judo. Kano graduierte 1881 an der kaiserlichen Universität von Tokio. Er fühlte eine Notwendigkeit, sich körperlich stärker zu trainieren und besuchte mehrere Ju-Jitsu Schulen. Nachdem er deren Techniken gründlich studiert hatte, verband er die besten Prinzipien aus allen zu einem System, das er Judo nannte – wörtlich „Leichter Weg", aber von Kano als „Höchste Wirksamkeit" interpretiert. 1882 gründete er in Shitaya die erste Judo-Schule (Kodokan). Dr. Kano war imstande, für rasche Verbreitung des Judo zu sorgen. Er veröffentlichte zahlreiche Fachbücher. Er sah in Judo jedoch mehr ein Training fürs Leben als einen Sport an sich. Dr. Kano war Direktor von zwei japanischen Hochschulen. Außerdem war er maßgeblich beteiligt an der Gründung des japanischen olympischen Komitees. Er starb 1938 auf einer Schiffsreise, als er von der Internationalen Olympischen Konferenz in Kairo zurückkehrte.

Judo-2

Die fünf Haupttechniken des Judo

1 Ukemi (Fallübungen) Wesentliche Voraussetzung für ein Judo-Training ist das richtige Fallen. Beim Üben ist zu bedenken, daß man aus fast jedem Winkel zu Boden geworfen werden kann. Am Anfang werden die Fallübungen langsam und aus geringer Höhe trainiert; allmählich steigern sich Geschwindigkeit und Höhe, wobei der Fallwinkel variiert, bis der Judoka das Fallen in jeder Situation beherrscht. Nur wenn er ohne Angst vor Verletzung fallen kann, wird er mit der nötigen Sicherheit gegen einen Gegner antreten können.

2 Wurftechniken Wurftechniken sind die eigentliche Grundlage des Judo, dessen weltweite Popularität darin liegt, sich sowohl geistig wie körperlich ohne Gefahr einer ernsten Verletzung mit einem Gegner messen zu können.

Es gibt zahlreiche Wurftechniken, die alle von einzelnen Körperteilen des Werfenden ausgehen, Handtechniken wie Tai-Otoshi (Körperwurf), Seoi-Nage (Schulterwurf), wo es beim Werfen eines Gegners hauptsächlich auf einen starken Griff der Hände und Einsatz der Arme ankommt. Auch die Schultern spielen bei der Vorbereitung und Ausführung von Handtechniken eine große Rolle.

Hüfttechniken wie Harai-Goshi (Hüftfeger) und Hane-Goshi (Springhüftwurf) gehören zu den stärksten Judo-Würfen, bei denen der Judoka seine Hüfte in den Gegner hineindreht und ihn nach oben oder zur Seite wirft. Beintechniken sind ebenfalls starke Würfe: Osoto-Gari (große Außensichel), Deashi-Barai (Fußfeger vorwärts) und O-Guruma (großes Rad), bei denen der Gegner mit einem Bein- oder Fußfeger zu Boden gebracht wird.

Rückfall- und Seitfallwürfe sind andere wichtige Wurftechniken, so z.B. Tomoe Nage (Kopfwurf) und Tani-Otoshi (Talfallzug), die manchmal als Opferwürfe bezeichnet werden, weil ein Judoka sich selbst zu Boden wirft, seinen Gegner mit sich ziehend, um ihn dann über sich weg zu werfen.

3 Armhebel und Würgetechniken Armhebel können bei allen möglichen Gelegenheiten verwendet werden. Schon beim Standkampf, während die Judoka noch den zum Werfen nötigen festen Griff suchen, kann einer von beiden sich eine Blöße geben, so daß ein Armhebel angebracht werden kann. Beim Armhebel wird ein Gelenk geschickt entgegen seiner natürlichen Bewegungsrichtung gedreht, was äußerst schmerzhaft ist.

Würgetechniken werden normalerweise erst beim Bodenkampf eingesetzt, obwohl ein sehr erfahrener Judoka versucht, sie schon beim Standkampf einzusetzen. Bei Würgetechniken greift man mit Hilfe des Unterarms den Jackenkragen des Gegners, der so um den Hals gedrückt wird, daß die Blutzufuhr zum Gehirn unterbrochen wird, was zu kurzer Bewußtlosigkeit führen kann. Würgetechniken sollten nur unter Aufsicht eines Lehrers geübt werden.

4 Bodentechniken Nach einem guten Wurf ist der Kampf normalerweise beendet. Gelang aber der Wurf nur unvollkommen, muß der Judoka sofort versuchen, seinen Gegner für eine bestimmte Zeit am Boden zu halten, denn erst dann ist der Kampf gewonnen.

Es gibt sehr viele Haltetechniken und entsprechend viele Gegentechniken dazu.

5 Atemi-Waza Atemi-Waza ist ein Bestandteil des Judo, obwohl es heute im modernen Sport-Judo nicht mehr gelehrt wird. Es umfaßt die Kunst, mit Händen, Füßen und Kopf nach den empfindlichen Stellen des Gegners zu schlagen; auch Fingerstiche zu den Augen und Schläge in den Unterleib gehören zu den Techniken des Atemi-Waza.

Judo gibt einem als Sport Erfüllung und Freude. Es ist jedoch ein Sport, der ein hohes Maß an Risiko mit sich bringt, wenn die richtige Einstellung fehlt. Er sollte niemals ohne Matten und ohne Aufsicht eines Lehrers trainiert werden.

KONTER GEGEN TAI-OTOSHI

Im Photo links versucht der linke Judoka einen Tai-Otoshi, indem er sein rechtes Bein vor das rechte Bein des Gegners setzt. Prinzipiell lassen sich alle Judowürfe kontern, bevor man zu Boden geht, wobei Gleichgewichtssinn und Reaktionsschnelligkeit eine Rolle spielen. Manchmal verhindert der Stärkere nur durch den Einsatz von roher Kraft die Ausführung eines Wurfs; in anderen Fällen nützt diese Kraft nichts, sondern macht den Wurf sogar erst möglich.

Das obige Bild zeigt einen Tai-Otoshi, der mit einem Te-Guruma (Schaufelwurf) gekontert wird. Der rechte Judoka beugt seine Knie und greift in Vorbereitung des Wurfes den Gürtel des Gegners.

BEGRIFFE DES JUDO

Ashi-Waza Fuß- und Beinwürfe
Chui Verwarnung
Dan Meister (Grad)
Dojo Trainingshalle
Gyaku Umgekehrt, bei Hebeln und Haltetechniken
Ippon 1 Punkt
Jigo-Tai Verteidigungsstellung
Judogi Judoanzug: weite Hosen und Jacke ohne Knöpfe; die Jacke wird mit einem Gürtel zusammengehalten, der zugleich die Graduierung anzeigt
Judoka Judo-Sportler
Kaeshi-Waza Abwehrtechniken (Gegenangriff)
Kata Eine Folge von festgelegten Bewegungen (heute als Trainingsmethode oder als Vorführung)
Kuatsu Kunst der Wiederbelebung
Koshi-Waza Hüftwürfe
Kyu Schülergrad
Ne-Waza Bodentechniken
Osae-Komi-Waza Haltegriffe
Randori Freies Üben
Sensei Lehrer
Shiai Wettkampf
Shihan Großer Meister
Sutemi-Waza Selbstfalltechnik
Shime-Waza Würgegriffe
Tachi-Waza Wurftechniken
Ukemi Fallübungen
Waza Technik

GÜRTELGRADE

An den Gürtelgraden kann man Erfahrung und Können des Judoka ablesen. Das Graduierungssystem läßt sich in zwei Gruppen einteilen: Kyu (Schüler) und Dan (Meister). Der Anfänger trägt einen weißen Gürtel. Nach einer Prüfung erwirbt er den nächsten Grad. Die Reihenfolge der Gürtelgrade:

- 5. Kyu: Gelb
- 4. Kyu: Orange
- (Japan: Weiß)
- 3. Kyu: Grün
- 2. Kyu: Blau
- 1. Kyu: Braun
- (Japan: Braun)
- 1. Dan: Schwarz
- 2. Dan: Schwarz
- 3. Dan: Schwarz
- 4. Dan: Schwarz
- 5. Dan: Schwarz
- 6. Dan: Rot und Weiß
- 7. Dan: Rot und Weiß
- 8. Dan: Rot und Weiß
- 9. Dan: Rot
- 10. Dan: Rot
- 11. Dan: Rot
- 12. Dan: Weiß

Die Grade werden nach Kampffähigkeit vergeben, ein Bewerber gewinnt mit der wachsenden Zahl seiner Kämpfe Erfahrung und technisches Wissen. Die Grade nach dem 5. Dan werden nicht nach Kampfstärke, sondern nach Leistungen für den Sport verliehen. So haben die internationalen Spitzenkämpfer gewöhnlich den 4. oder 5. Dan.

Theoretisch ist es möglich, den 12. Dan zu erreichen und damit zum weißen Gürtel zurückzukehren (der Kreis des Judo schließt sich), aber diese Ehre wurde noch niemandem zuteil. Die höchste Graduierung, die von der Prüfungskommission des Kodokan, dem Zentrum des Judosports, vergeben wurde, ist der 10. Dan.

Mit der Verbreitung des Judo haben die Graduierungen etwas an Bedeutung verloren, aber man kann an ihnen doch ungefähr das Können des Judoka einschätzen. Degradierung gibt es nur bei schweren Verstößen.

Seit geraumer Zeit gibt es in Europa und Japan ein Punktesystem. Bei Wettbewerben kann der Judoka Punkte für seine Graduierung sammeln. Der Zeitabstand zwischen den einzelnen Kyu-Prüfungen beträgt in der Regel 6 Monate.

DAS KONTERN

Das obige Bild veranschaulicht, wie der rechte Judoka durch sein Aufrichten und das Hochziehen des Gegners an Bein und Gürtel einen beabsichtigten Wurf kontert.

Um ernste Verletzungen auszuschließen, sind alle Trainingshallen beim Judo mit japanischen Tatami (Strohmatten) oder moderneren Gummimatten ausgelegt. Dadurch kann der Judoka selbst schwerste Würfe unbeschadet überstehen.

BODENARBEIT

Die große Abbildung rechts zeigt die Anwendung von Bodenarbeit, bei der ein Gegner eine Zeitlang am Boden gehalten werden muß, um Vorteile zu gewinnen.

DIE AUSÜBUNG DES JUDO

Bei Wettbewerben kommt es darauf an, den Gegner mit einem sauberen Wurf zu werfen, ihn danach für 30 Sekunden auf dem Rücken zu halten und ihn durch Armhebel bzw. Würgen zur Aufgabe zu zwingen oder – wie bei Spitzenkämpfern – durch eine Entscheidung der zwei Kampfrichter und des Mattenrichters zu gewinnen. Nur ein Punkt (Ippon) ist nötig, um einen Kampf zu gewinnen, denn der Theorie nach könnte ein Gegner früher durch nur einen starken Wurf, eine Würge- oder Haltetechnik kampfunfähig gemacht werden. Die beiden Kampfrichter sitzen diagonal an zwei

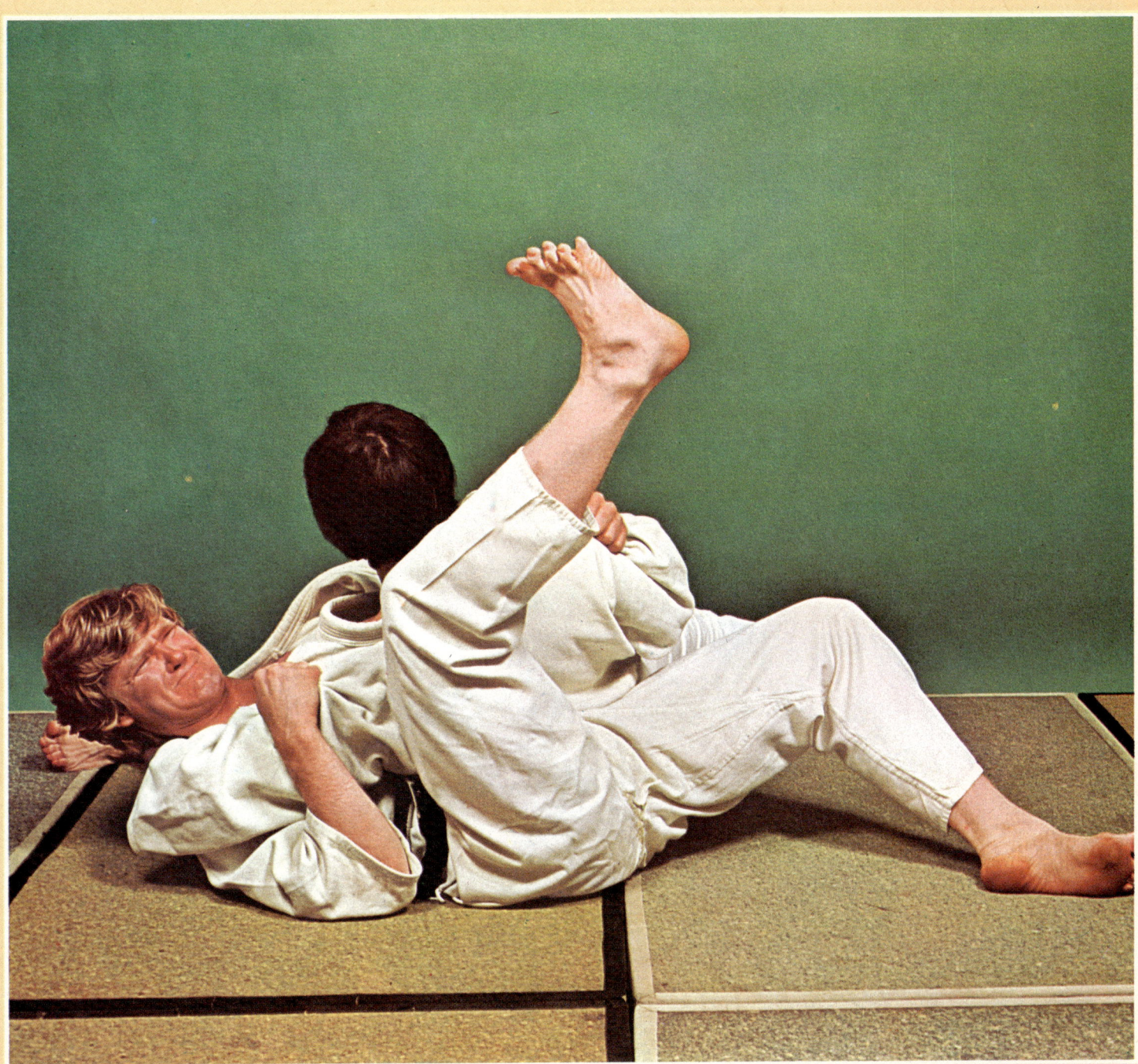

Ecken der Matte, während der Mattenrichter den Kampf von der Matte aus leitet.

Nach einer zeremoniellen Verbeugung gehen die Kämpfer aufeinander zu und versuchen, an die Jacke des Gegners zu greifen. Auch Beine oder Gürtel dürfen zur Ausführung von Techniken gefaßt werden. Ne-Waza (Bodentechniken) werden angewandt, wenn beide Kämpfer am Boden sind. Einige Judoka spezialisieren sich auf diesen Aspekt, locken ihre Gegner zu Boden und setzen dann ihre Stärke ein.

Viele internationale Wettbewerbe werden durch die (von den Kampfrichtern gewertete) Anzahl von Würfen entschieden. Aber ein Waza-Ari (Halbpunkt) kann mehr wert sein als eine Wurfwertung. Bei gleicher Anzahl von Würfen und keiner Wertung am Boden wird für den aktiveren Gegner entschieden. Ein Chui (Verwarnung) kann ebenfalls einen Kampf entscheiden, wenn kein Waza-Ari oder Ippon vergeben wurde.

Judo-Experten versuchen, beim Training freier als beim Wettkampf zu sein. Randori bildet die Grundlage des Trainings, die Techniken verbessert man jedoch durch häufiges Üben von Bewegungsabläufen oder Teilen davon. Gewichts- und Lauftraining sind ebenfalls Bestandteil des Trainings der ambitionierteren Judo-Sportler.

Wegen der Wucht von Judowürfen wurde ein System von Fallübungen entwickelt, mit denen die Fallenergie gemindert werden kann. Zur Vermeidung ernster Verletzungen entspannt man sich und schlägt beim Aufprall mit ausgestrecktem Arm auf die Matte. Judo ist trotz seiner kämpferischen Natur ein offizieller Sport. Die Gegner verbeugen sich vor und nach dem Kampf, auch im Training. Der Lehrer wird immer respektiert, jeder Judoka achtet die höheren Gürtelgrade. Die Schwarzgürtel assistieren beim Training der Kyu (Schüler), da sie selbst einmal Anfänger waren.

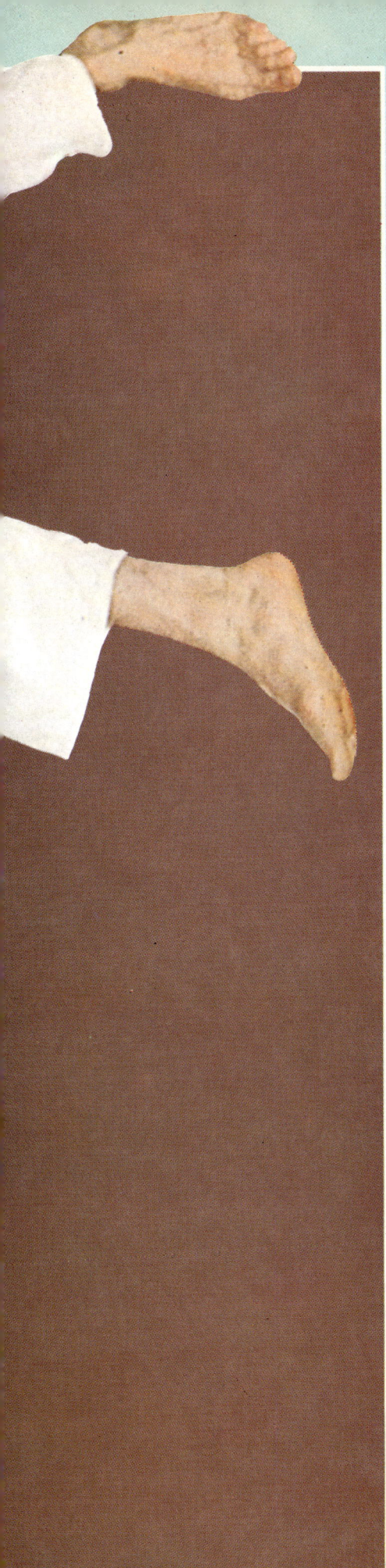

Aikido

Wörtlich übersetzt heißt Aikido: Ai = Harmonie, Ki = Geist, Do = Weg (Weg der geistigen Harmonie).

Dieses System der Selbstverteidigung wurde von Meister Morihei Uyeshiba geschaffen, der 1883 in der japanischen Provinz Wakayamama geboren wurde. Meister Uyeshiba widmete viele lange und harte Jahre dem Training und Studium der verschiedensten Kampfkünste, bevor er das Aikido verwirklichte. Diese neue Kunst war nicht nur eine Form körperlicher Verteidigung und Übungen, sondern stellte auch eine tiefgeistige Tätigkeit dar.

Die körperliche Interpretation der Techniken des Aikido ist nur die Grundlage für eine bessere und realistischere Methode für geistige Harmonie des Zusammenlebens, Hilfsbereitschaft und Verständnis, wonach der wahre Aikidoka strebt.

Der Hauptgedanke der Philosophie des Aikido besteht darin, daß das Geheimnis dieser Kunst im Einssein von Körper, Geist und Seele liegt, und ihr höchstes Ziel ist, eins zu werden mit Natur und Geist des Universums.

Neben solchen geistigen Aspekten stellt das Aikido aber auch ein spannendes und äußerst wirksames Mittel zur Selbstverteidigung dar. Ein Aikidoka benutzt die gegen ihn gerichtete Kraft und Stärke des Angreifers und lenkt sie zum eigenen Nutzen um. So wird z. B. einem Angriff seitlich ausge-

TANTO-RANDORI
Die Abbildung links zeigt zwei Aikidoka beim Tanto-Randori (freien Kampf), wobei gerade ein Hüftwurf erfolgreich ausgeführt wird.
Das Photo unten veranschaulicht ein Beispiel für Tanto-Tori (Messer nehmen), bei dem ein Aikidoka das Handgelenk des anderen gefaßt hat, um einen Wurf vorzubereiten.

wichen, der Arm des Angreifers gepackt, um ihn in kreisförmiger Bewegung herumzuschwingen und ihn zu Boden zu werfen. Unmittelbar darauf wird gleich ein Arm- oder Handhebel angewandt.

Die Aikido-Techniken sind zahlreich und verschieden, jede einzelne Bewegung kann leicht und schnell von einer anderen abgelöst werden. Die Techniken lassen sich im wesentlichen wie folgt einteilen: Zuerst das Grundwissen wie Kamae (Stellung), Ma-Ai (Entfernung), Irimi (Eingang), Ukemi (Fallübungen) und Chikari no Dashikata (Ausbreitung der Kraft). Dann folgen die Einzelübungen (Tandoku Dosa), zu denen Atemtechniken und die Stärkung der Hände gehören. An die Einzelübungen schließen sich die Partnerübungen an, in denen zwei Aikidoka die Arm- und Körpertechniken praktisch anwenden, um das für korrekte Aikido-Technik nötige Strömen der Kraft besser verstehen zu lernen.

Die Serie wird fortgeführt mit der umfangreichen Reihe von Würfen (Nage-Waza), wie etwa Kaiten-Nage (Schleuderwurf) und Shiho-Nage (Schwertwurf).

Auch die Technik der „leeren Hand" wird schließlich einbezogen, Katame-Waza (Haltetechniken), z. B. Ude-Osae (Armstreckhebel) und Kote-Hineri (Handdrehhebel).

Die Verteidigung gegen Schwert, Messer oder Stock stellt einen anderen wichtigen Bestandteil des Aikido-Trainings dar. Tanto-Tori (Messer nehmen), Jo-Tori (Stock nehmen) und Token-Tori (Schwert nehmen) gehören dazu. Aikido ist die vollkommene Harmonie zwischen körperlicher und geistiger Beherrschung, Balance und fein abgestimmter, entspannter Bewegung.

Will jemand Selbstverteidigung lernen und auch sich selbst und andere erkennen, so ist er mit der schönen Kunst des Aikido gut beraten.

Im Aidido gibt es viele Wege, sich gegen einen bewaffneten Angreifer zu verteidigen, obwohl man solche Techniken erst nach einem mehrjährigen Training im freien Kampf anzuwenden versuchen sollte. Bei der Konfrontation mit einem bewaffneten Gegner helfen dem Unbewaffneten die absolute Beherrschung des Geistes und geschickte Wachsamkeit das Gleichgewicht der Chancen zu wahren. Es ist sehr wichtig, daß untrainierte Personen solche Waffenabwehr nicht versuchen, sondern sie zunächst in einem Verein unter Anleitung eines qualifizierten Lehrers erlernen.

Das Photo unten illustriert einen Ude-Nobashi (Armhebel), wobei ein Messerangriff nach geschicktem Ausweichen durch einen Armhebel unschädlich gemacht wird.

Das kleine Bild links zeigt die Vorbereitung und Haltung zur Ausführung einer Wurftechnik (Nage-Waza).

Im Bild rechts sieht man ein seitliches Ausweichen durch einen Rückwärtsschritt unter gleichzeitigem Ergreifen des Handgelenks des Angreifers.

TOMIKI AIKIDO

Der Kampf mit dem Gummimesser ist ein besonderer Aspekt des Tomiki Aikido, der bei den Puristen zur Kontroverse geführt hat. Die Anhänger des Tomiki betrachten jedoch ein Messer nur als Verlängerung des Arms oder der Hand. Es werden die gleichen Techniken gebraucht, ob ein Angreifer bewaffnet ist oder nicht, und die Techniken sind in jedem Fall gleich wirksam. Außerdem, so wird argumentiert, enthält diese Art des Aikido keine Gefahr des Mißbrauchs zu aggressiven Zwecken, weil sie ausschließlich defensiv ist und auf der Annahme basiert, daß jeder Angreifer den ersten Schritt machen muß. Das Tomiki-System unterscheidet sich von dem von Uyeshiba auch dadurch, daß es in ihm Wettkämpfe gibt. Gegenwärtig finden alljährlich aber nur Wettkämpfe zwischen japanischen Universitäten statt. In dieser Hinsicht befindet sich das Tomiki-System noch im Experimentierstadium, denn jeder Kämpfer unterscheidet sich in seiner Angriffslust. Allzu heftige Wettkämpfer müssen kontrolliert werden, denn im Gegensatz zu anderen Kampfsportarten konzentriert sich Aikido nur auf Hand-, Ellenbogen- und andere Gelenke; ein übereifriger, aber ungeschickter Anfänger kann ernste Verletzungen verursachen.

Neben den Uyeshiba- und Tomiki-Systemen gibt es noch eine Anzahl weiterer, nicht so bekannter Systeme.

Asiatische Waffenkunde-1

Der Kampf mit Waffen hat seine Ursprünge in der frühesten Entwicklung des menschlichen Instinkts zu überleben. Die Suche nach Nahrung und die Notwendigkeit, sein Gebiet gegen wilde Tiere und andere Feinde zu verteidigen, beschleunigte die Entwicklung einer Vielzahl von Wurfgeschossen, vom Stein bis zu komplizierten Katapulten und Wurfstöcken.

Obwohl der Mensch überall auf der Welt in verschiedenem kulturellem Zusammenhang seine Möglichkeiten unterschiedlich ausnutzte, scheint in der Art der von ihm gemachten und gebrauchten Waffen kaum ein Unterschied zu bestehen.

Verschiedene Erklärungen sind möglich. Es könnte sein, daß vorgefundene Materialien und Umwelt ähnlich waren. Weiterhin ist möglich, daß der Prozeß des Ausprobierens, der wesentlicher Teil jeder Entdeckung ist, unter ungleichen Umständen gleiche Ergebnisse erbrachte. Der dritte Grund liegt im kulturellen Kontakt, sei es durch Eroberung oder Handel, der die Möglichkeit gab, andere Waffen teilweise oder ganz zu kopieren. Wahrscheinlich war es aber das Zusammenspiel aller drei Faktoren, das solche Ähnlichkeiten ergab.

Waffen lassen sich in zwei Kategorien einteilen. 1. Die indirekten Waffen. Sie schießen entweder ein Projektil ab oder sind selbst das Projektil. Hierzu gehören Steine, Katapulte, Speere, Pfeil und Bogen, Wurfstöcke, schwere und leichte Artillerie und schließlich Raketen und Bomben. Die Wirksamkeit dieser Waffen hängt vor allem davon ab, wie genau und wie weit das Geschoß ohne Wirkungsverlust reicht.

2. Die zweite Kategorie umfaßt Waffen, die im Nahkampf gebraucht werden. Solche direkten Waffen sind z. B. Knüppel, Messer, Schwerter, Stöcke, Dreschflegel und Bayonette. Im Laufe der Waffengeschichte wurden diese Kategorien entweder einzeln oder zusammen eingesetzt. Der Gebrauch von direkten oder indirekten Waffen hängt allein von der Konfliktsituation ab.

Diese Kategorien lassen sich nochmals in zwei Gruppen unterteilen, nämlich in Waffen zum Kämpfen und Töten sowie in Werkzeuge und Jagdgeräte, die im Konfliktfall zum Kämpfen verwendet wurden.

Es ist offensichtlich, daß die Wirksamkeit jeder Waffe von der Geschicklichkeit des Benutzers abhängt. Selbst moderne Waffen erfordern trotz elektronischer Leitsysteme und Computerlenkung zu ihrem optimalen Einsatz eine hochtrainierte Besatzung. Wir wollen uns hier nur mit dem wirksamen Gebrauch von handgehaltenen Waffen und einem effektiven Training beschäftigen.

Überall in der Geschichte, in jeder Kultur, wußten die Krieger die Bedeutung einer guten Waffenausbildung ebenso zu schätzen wie die Entwicklung und Perfektion von neuen Kampftechniken. Durch Ausprobieren nahmen sie in ihr Kampfrepertoire die erfolgversprechendsten Bewegungen und Schläge auf. Angriff, Abwehr und Gegenangriff wurden probiert und studiert, bevor sie im richtigen Kampf versucht wurden, denn bei einem Kampf auf Leben und Tod konnte eine falsche Technik oder eine schlecht geübte Kombination verheerende Folgen haben. Auf diese Weise läßt sich die Entwicklung von handgehaltenen Waffen vor allem auf kriegerische Einsätze zurückführen.

Viele wirksame Waffen und Kampftechniken resultieren aber auch aus der Anpassung von landwirtschaftlichen Geräten und Haushaltswerkzeugen der Bauern, ebenso geeignet, den Boden zu bestellen, wie Heim und Eigentum zu verteidigen. Ihre Wirksamkeit wurde in vielen Kämpfen erprobt und mögliche Verteidigungstechniken wurden in die Waffenkunde aufgenommen.

Viele dieser Fertigkeiten und Waffen, entstanden aus reiner Notwendigkeit, sind in der Neuzeit veraltet. Eine allgemeine Belebung steht nur in Verbindung mit modernen sportlichen Wettkämpfen (z. B. Fechtwaffen, Pfeil und Bogen, Pistolen), wo sie weiterentwickelt und verbessert werden. Abwehrtechniken mit einer alten, wieder entdeckten Waffe (Nunchaku) sind auf den folgenden Seiten dargestellt.

Das Bild veranschaulicht einen Fangblock über dem Kopf. Der Kämpfer links hat nach unten geschlagen, um den Kopf seines Gegners zu zertrümmern, während dieser den Stock mit den nach oben zeigenden Gabeln abgefangen hat. Dieser Technik würde ein Stich mit offener Klinge zum Kopf folgen. Zum richtigen Gebrauch von Waffen muß man sich vergegenwärtigen, daß diese in erster Linie wirksame Verlängerungen der Arme und Hände darstellen. So gibt z. B. ein Stock (Bo) zusätzliche Reichweite und die Möglichkeit, nach einem Gegner aus sicherer Entfernung zu schlagen.

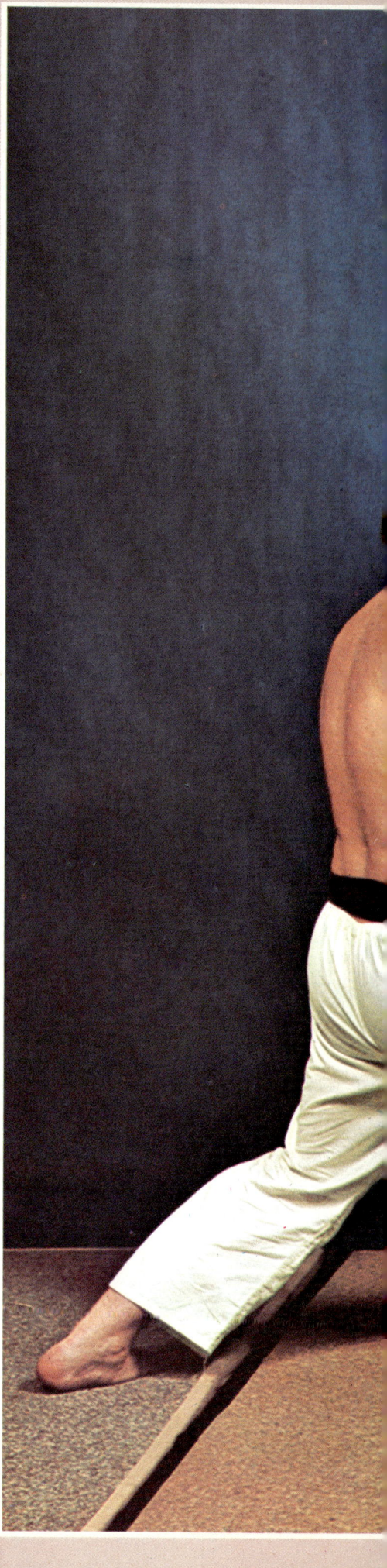

Die Abbildung links oben zeigt eine klassische Nunchaku-Kampfstellung. Aus dieser Position heraus kann man jedem Angriff zuvorkommen und ihn abschlagen.

Im Photo daneben oben rechts hat der linke Angreifer einen aufschlitzenden Schlag zur Körpermitte (Chudan) versucht, der von links nach rechts geführt wurde. Der Gegner

ist nach hinten gesprungen und versucht, Kopf oder Handgelenke des Angreifers mit seiner Nunchaku zu treffen.

Das Bild links unten veranschaulicht eine Jodan-Abwehr gegen einen Stock. Der größte Teil der Aufprallenergie wurde von der flexiblen Verbindung zwischen den beiden Nunchaku-Hälften aufgefangen.

Die obige Abbildung zeigt die Abschlußtechnik zur Jodan-Abwehr. Der Verteidiger hat den Schlag zum Kopf abgeblockt und den Stock mit dem flexiblen Teil der Nunchaku umwickelt, so daß dieser festgehalten wird. Dann folgt ein Seitwärtsfußstoß zum Kopf des Angreifers (Jodan Yoko-Geri Ko-Komi).

Asiatische Waffenkunde-2

Bo-Jitsu

Schon seit Urzeiten benutzt der Mensch den Stock als Waffe, zuerst wohl nur in Form eines Astes, schnell zur Verteidigung zurechtgemacht. Später wurde der Mensch bei Art und Gewicht des Holzes wählerischer, er bearbeitete und härtete seine Äste und schuf so eine bestimmte Art von Waffen. Der Stock hat sich auf der ganzen Welt zur Kampfwaffe entwickelt.

Äußerlich gleicht ein Stock nicht gerade einer tödlichen Waffe, erhält aber in der Hand eines Experten eine verheerende Wirkung. Die Vielzahl von Stocktechniken, z.B. Halten, Schlagen, Stechen, Parieren und Abwehren, machen es einem Könner ziemlich leicht, sich gegen einen unbewaffneten Angreifer zu verteidigen und ihn zu besiegen.

Die Wahl des Holzes, seine Länge und das Gewicht hängen natürlich vom Einsatzzweck als Waffe ab. So wird beim Kampf gegen einen weiter entfernten Gegner ein langer und leichter Stock benutzt, während beim Nahkampf ein kürzerer Stock besser ist.

Andere Waffen wurden mit dem einfachen Stock vereinigt. Am Ende des Stabs wurde ein Messer oder ein Knüppel angebracht. Die Kampftechniken entsprachen weitgehend denen des einfachen Stocks; ihre Wirksamkeit erhöhte sich aber durch die Möglichkeit, zu schneiden und zu stechen.

Nunchaku-Jitsu

Die Nunchaku wurde in ihrer Heimat Südostasien als Dreschflegel beim Mahlen und Polieren von Reis eingesetzt. Die Bauern dieser Gegend konnten sich teils keine normalen Waffen leisten, teils war ihnen der Gebrauch von Waffen untersagt. So war die Anpassung ihrer vielfältigen landwirtschaftlichen Geräte zu tödlichen Waffen logisch und notwendig.

Die Nunchaku besteht aus zwei Stücken Hartholz von gleicher Länge und Gewicht, durch Schnur, Roßhaar oder Ketten miteinander verbunden.

Die Waffe wird wie eine extrem bewegliche Peitsche benutzt, z.B. mit großer Geschwindigkeit herumgewirbelt unter Anwendung verschiedenster Techniken. Die Nunchaku kann als Keule, Stab oder Schlinge mit den herkömmlichen Dreschflegel-Bewegungen eingesetzt werden. Ihre flexible Verbindung macht sie zusätzlich zur Schraubklemme.

Mit der wachsenden Beliebtheit der Nunchaka hat sich auch die Möglichkeit vergrößert, daß sie in falsche Hände gelangt. Es muß nachdrücklich betont werden, daß die Nunchaku – obwohl nur eine einfache Waffe – in untrainierten und unbefugten Händen extrem gefährlich ist. Sowohl für den Angegriffenen als auch für einen ungeschickten Angreifer kann sie eine tödliche Gefahr sein.

Jitte oder Sai

Jitte oder Sai sind spitz zulaufende Waffen aus Metall, unterschiedlich in Länge und Gewicht, normalerweise zwischen 37 und 45 cm lang und ein bis drei Pfund schwer. Der Schaft kann stumpf oder geschärft sein und hat am Griff gewöhnlich zwei Gabelzinken. In der Praxis sind Jitte oder Sai sehr wirksame Waffen, die ebenso zur Verteidigung gegen Schwert oder Stock wie im Kampf gegen einen unbewaffneten Angreifer verwendet werden. Die Techniken sind verschiedenartig. Man kann sie wie einen Knüppel herumwirbeln, aber auch zum Schlagen oder Stechen verwenden. Mit den Gabelzinken läßt sich eine gegnerische Waffe auffangen, was das Kontern erleichtert.

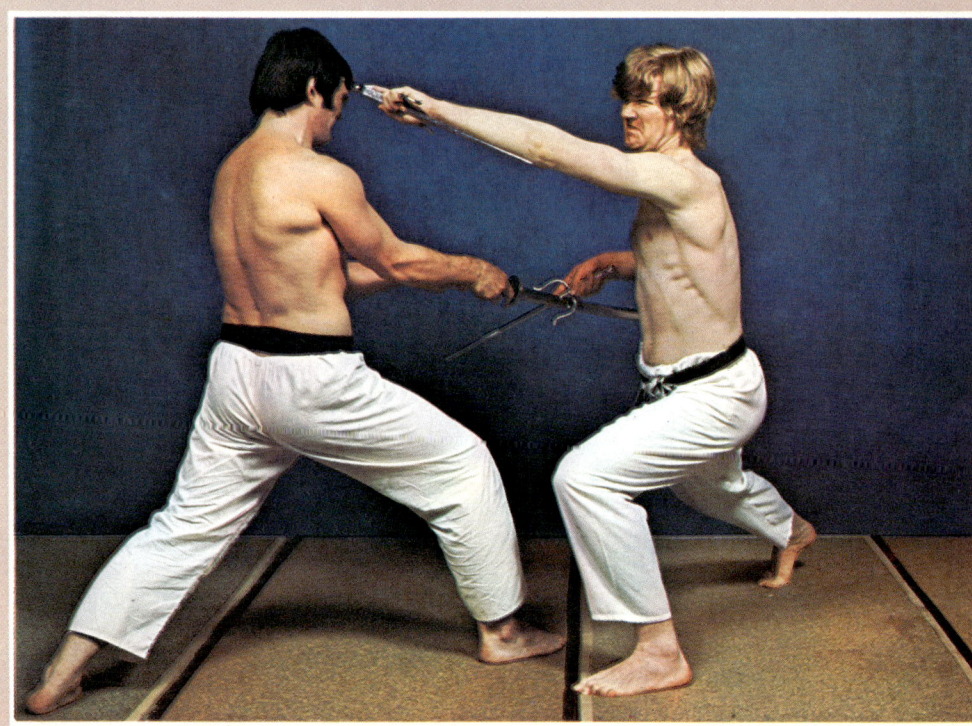

Das Photo auf der linken Seite oben zeigt einen kombinierten Block und Konter mit zwei Sai. Der linke Kämpfer hat mit einem Katana (Samurai-Schwert) einen Shomen-Uchi (Schädelspalter) versucht, der vom Gegner mit einem Sai durch Jodan Uke (Block nach oben) abgewehrt wurde.

Das Bild unten links veranschaulicht einen Block gegen ein Katana, wobei die Gabelzinken nach einem Stoß oder Schlag für die Schwertklinge zur Falle werden. Zugleich mit diesem Block wird mit dem Griffende der zweiten Sai ein Schlag zum Kopf des Angreifers geführt.

Die Abbildung oben zeigt, wie beide Kämpfer in die Luft springen und gleichzeitig Fuß-stöße machen. Sie verwenden dabei ihre Stangen ähnlich wie ein moderner Stabhochspringer.

Diese Art von Technik wurde vor allem dazu verwandt, Reiter aus dem Sattel zu stoßen, obwohl man sie auch einsetzte, um Distanz zu gewinnen.

Im Bild oben sieht man, wie der Kämpfer links mit dem Ende des Stabs eine Stoßtechnik zum Kopf ausführt.
Der Verteidiger fegt den Angriff mit seinem Stab zur Seite und macht einen Fußstampftritt zum Knie des Gegners.

Das Photo links veranschaulicht einen Ai-Uchi (gleichzeitiger Schlag). Beide Gegner wurden zur gleichen Zeit getroffen, der eine am Kopf und der andere in der Leistengegend. Die Wucht der Schläge würde ausreichen, um einen Menschen mit Leichtigkeit zu Boden zu bringen.

Das Bild oben zeigt einen klassischen Block über dem Kopf mit der Mitte des Stockes. Diese Abwehr ist bei allen Angriffen von oben gegen Kopf oder Schultern sehr wirksam. Mit dem gsprungenen Schlag zum Kopf zeigt der Kämpfer rechts eine weitere Technik, die ebenso bei einem Angriff zu den eigenen Beinen wie zur Gewinnung von Distanz verwendet wird, vielleicht auch als Überraschungsmoment.

Das Bild rechts veranschaulicht, wie der Kämpfer rechts gleichzeitig einen Beinhaken und Schlag in die Leiste angebracht hat. Drückt man in dieser Position gegen das Ende des Stocks, geht der Gegner zu Boden. Eine sofort folgende Abschlußtechnik würde den Kampf beenden.

Die Kunst des Kendo-1

Als moderner, disziplinierter Sport hat Kendo das überragende Können der alten Samurai in sein System aufgenommen, die sich bei Angriff, Abwehr und Ausweichen mit dem Schwert ungeheuer schnell bewegten. Diese traditionsreiche Kunst stellt eine vollkommene Harmonie zwischen körperlicher Fitness und Ausgewogenheit der Bewegung her, in die eine geistige Disziplin eingeschlossen ist.

Beim Kendo werden alle Eigenschaften der alten Samurai angesprochen. Ein disziplinierter, wachsamer und beweglicher Geist lenkt einen gut trainierten Körper, blitzschnelle Angriffe und Abwehren koordinierend. Der ganze Körper führt die Waffe mit pfeilschnellen Bewegungen, reagiert sekundenschnell auf den Gegner, weshalb viele Bewegungen kaum wahrnehmbar sind. Das erfordert einiges Training, kann aber mit Begeisterung und Fleiß von jedermann erreicht werden.

Der Kendo-Sportler findet sein Training nicht mühevoll, sondern äußerst angenehm. Schon das Gefühl der körperlichen Entspannung bei maßvollem Partner-Kampf ist anregend. Man kann ohne Verletzungsgefahr viele schwere Schläge austauschen, da sie durch eine einfache, aber wirksame Trainingsrüstung gegen den Gebrauch eines Bambusschwertes (Shinai) geschützt sind.

Man kann einen Kampf in Kendo auch ohne monatelanges Training ausführen. Im Gegensatz zu Karate und den anderen Kampfkünsten benötigt Kendo nur ein kurzes Anfangstraining, um einem Gegner gegenüberzutreten. Natürlich steigert sich die Kampfstärke mit zunehmendem Training und man gewinnt auch mehr Befriedigung aus den Kämpfen.

Kendo, der Weg des Schwerts, entstand vor Hunderten von Jahren im feudalen Japan. Es hat sich von einer tödlichen Kampfkunst der Samurai zu einem erregenden und kräftigenden Sport entwickelt. Das Kendo, wie es heute praktiziert wird, bildete sich vor 200 Jahren mit der Einführung des Bambusschwertes, worauf die Verwendung einer Rüstung aus schwerem Tuch und Bambus folgte. Die Samurai führten das Shinai in ihr Training ein, um die bei scharfen Schwertern möglichen Verletzungen zu vermeiden.

Während des 16. Jahrhunderts, als Japan ständig von Bürgerkriegen heimgesucht wurde, studierte man die Schwerttechniken für einen Kampf auf Leben und Tod. Die Samurai schwangen ihre Schwerter wie verlängerte Teile ihrer Arme und übten dabei die vielen Bewegungen des Schneidens, Aufschlitzens und Stoßens.

Die modernen Waffen minderten die Bedeutung des Schwerts als wirksame Waffe, und das Kendo-Training erhielt eine neue Grundlage. Das Schwert wird nicht mehr als lebensentscheidende Waffe angesehen, sondern als Instrument, mit dessen Hilfe der Kendoka das höchste Ziel anstreben kann: Beherrschung von Körper und Geist.

Das Kendo-Training ist ein hervorragendes System, körperliche und geistige Disziplin zu erlangen. Es gibt dem Lernenden Selbstbeherrschung, Vertrauen, gutes Benehmen, Fitness und die Fähigkeit, die Probleme des Alltags ohne Furcht anzugehen. Kombiniert man dies mit dem großartigen Gefühl der Befriedigung bei Fortschritten, so sind dies sicherlich gute Gründe, mit dem

Die einfache und Freude bereitende Kunst des Kendo-Schwertkampfs führt zu Selbstvertrauen und einer guten körperlichen Verfassung.

Kendo-Training zu beginnen. Kendo bietet auch Freundschaft und verbindet mit den vielen Tausenden Kendo-Sportlern überall auf der Welt.

Der erste Abschnitt dieser Kendo-Serie soll einen Einblick in die Welt des Kendo geben. Die Illustrationen sind packend und einfach zu verstehen.

Wenn man nach dem Lesen der Kapitel Interesse an Kendo gefunden hat, ist es ratsam, einem Verein beizutreten. In der Zwischenzeit kann man jedoch einige der Bewegungen mit einem Besenstil üben, wobei man aber vorsichtig und langsam vorgehen muß, um sich nicht zu verletzen. Am besten werden nur die „statischen" Bewegungen wie die grundlegenden Angriffe und Abwehren versucht, wobei man aber ebenfalls vorsichtig und langsam beginnen sollte.

Die Kendo-Folge zeigt die Grundlagen dieser Kunst und Bewegungen aus Katas, stilisierten Stellungen, wie sie im Training verwendet werden. Außerdem erhält man einen Einblick in die Geschichte des Kendo und der Samurai.

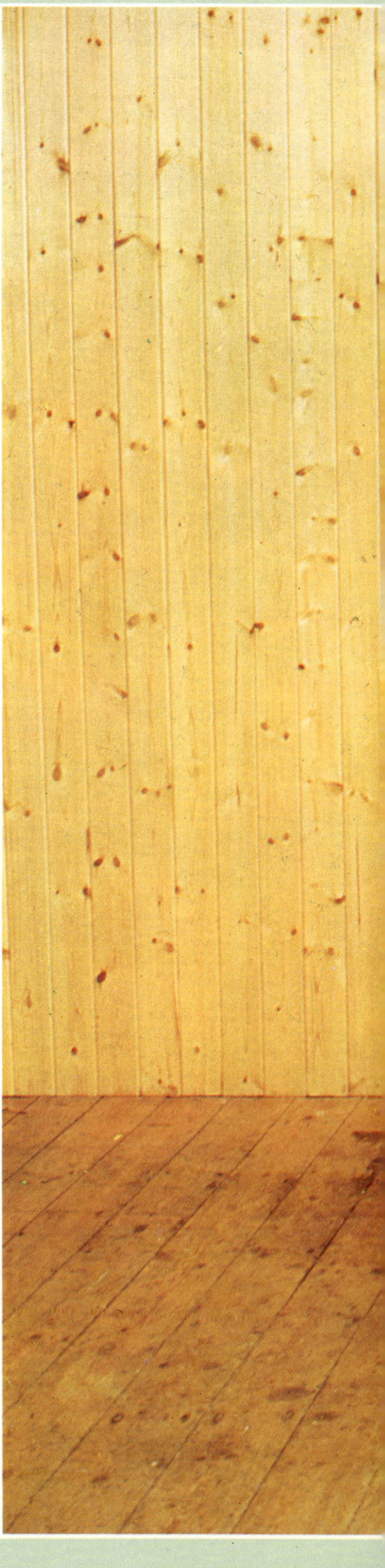

Das Bild rechts zeigt die Kendoausrüstung. Die Rüstung besteht aus einer Gesichtsmaske (Men), die Gesicht, Kopf und Schultern schützt, einer Brustplatte (Do), die Rippen, Brustkasten und Magen bedeckt und aus lederbedecktem Bambus oder Plastikmaterial gearbeitet ist. Ein Taillenschutz (Tare) wird zum Schutz der Lenden und des Unterleibs um die Hüften getragen. Gepolsterte Handschuhe bedecken Hände und Handgelenke. Diese Ausrüstung schützt den Kämpfer vor dem Shinai, dem aus vier Bambusstöcken gefertigten Schwert. Die Bambusstöcke werden durch eine kleine Lederkappe (Saki-Gawa) an der Spitze und ein Lederfutteral (Tsuka-Gawa) am Griff zusammengehalten. Diese beiden Enden werden mit einer Schnut (Tsuru) verbunden, die auch die Rückseite der Klinge darstellen soll. Eine Ledermanschette über zwei Drittel Länge am Griff verhindert, daß sich die Bambusstäbe nach außen biegen. Zum Schutz der Hände befindet sich auf dem Griff ein Absatz (Tsuba). Auf dem Bild oben liegt das Shinai nahe am Taillenschutz. Das beschriftete Tuch (Tenugui) auf dem Photo darunter wird unter dem Kopfschutz getragen, um den Schweiß aufzunehmen.

Die Rüstung wird über der Kleidung getragen, die aus einer kurzärmeligen Baumwolljacke (Kendogi) und den weit geschnittenen Hosen (Hakama) besteht, die einem geteilten Rock ähneln.

Beim Kendo wird Etikette großgeschrieben. Man schätzt seinen Gegner und will gewährleisten, bei der Vorbereitung zum Kampf Verletzungen zu vermeiden. Zwar ist heutzutage eine Verletzung durch die Verwendung des Bambusschwertes wohl ausgeschlossen; der Ritus ist überliefert und hat seinen Grund darin, daß einst die Schwerter der Samurai so scharf waren, daß sie schon bei der schwächsten Berührung verletzen konnten. Nach Bereitlegung der Rüstung sammeln sich beide Kendoka vor dem Kampf und verbeugen sich, wie die Abbildungen darstellen.

Die Kendo-Etikette wird heute auch noch im modernen Dojo eingehalten. Neben seinem sportlichen Aspekt hat Kendo das Ziel, zu Achtung und guten Manieren zu erziehen.

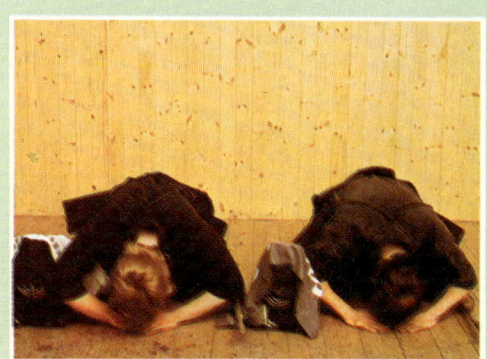

Nach der ersten Verbeugung legen die Kämpfer ihre Rüstung an, und zwar in folgender Reihenfolge: Zuerst kommt die Jacke (Kendogi), dann die Hose (Hakama). Der Taillenschutz (Tare) wird um die Hüften gebunden und danach der Brustpanzer (Do) angelegt. Bevor man die Gesichtsmaske (Men) überstreift, wird das Schweißtuch (Tenugui) um den Kopf gewickelt. Zuletzt werden die Handschuhe (Kote) angezogen. Nun ist man kampfbereit.

Das Bild rechts zeigt, wie einer der Kämpfer das Schweißtuch anlegt, während der andere die Gesichtsmaske im Nacken zusammenbindet. Im Photo darunter sind beide Kendoka kampfbereit, mit den Shinai in den Händen. Selbst in diesem Stadium der Vorbereitung wird die Etikette befolgt. Ihre Sorgfalt gilt besonders der Handhabung des Shinai.

Vor Beginn des Fechtens stellen sich die Gegner einander gegenüber, verbeugen sich und gehen dann aufeinander zu. Beide gehen in die Hocke, ziehen die Schwerter und kreuzen sie, wie das Bild oben zeigt. Erst wenn beide Kämpfer die Kampfstellung Chudan no Kamae eingenommen haben, kann der Kampf beginnen. Erneut wird wieder deutlich, wie beim Kendo aus Respekt zum Gegner die Etikette eingehalten wird.

Das Bild links veranschaulicht die Kampfstellung Chudan no Kamae; erst in dieser Position darf der Kampf begonnen werden. Die kleine Abbildung oben zeigt Chudan no Kamae von vorn. Der rechte Fuß befindet sich immer vorn. Das Schwert wird mit beiden Händen gehalten, wobei sich die rechte Hand direkt am Griffschutz befindet. Die Schwertspitze zeigt zur Kehle des Gegners, wodurch dessen Vorwärtsstürmen bei Kampfbeginn verhindert werden soll.

Das kleine Bild unten zeigt einen Schlag zum Kopf, der Shomen genannt wird. Es gibt verschiedene Treffflächen, die bei Kendo-Wettbewerben unterschiedlich gepunktet werden. Diese umfassen die meisten Körperteile mit Ausnahme von Schenkeln, Armen und Rücken.

Obige Abbildung veranschaulicht, wie zwei Kämpfer einen weiteren Bestandteil der Kendo-Etikette beachten. Lockert sich beim Kampf irgendein Teil der Rüstung, wird der Kampf angehalten, bis die Rüstung in Ordnung gebracht ist. Das verhindert, daß im Eifer des Gefechts jemand verletzt wird – ein Punkt, den Lehrer im Training streng beachten.

Das große Photo illustriert eine typische Situation aus einem freien Kampf. Der Kämpfer links weicht einem einhändig geführten Schlag seines Gegners aus. Solche Techniken mit nur einer Hand gehörten schon zum Training der Samurai, um den Gegner zu täuschen oder im Falle der Verletzung eines Armes mit dem anderen weiterkämpfen zu können. Viele dieser Techniken werden noch heute im Grundtraining gelehrt.

Die Kunst des Kendo-2

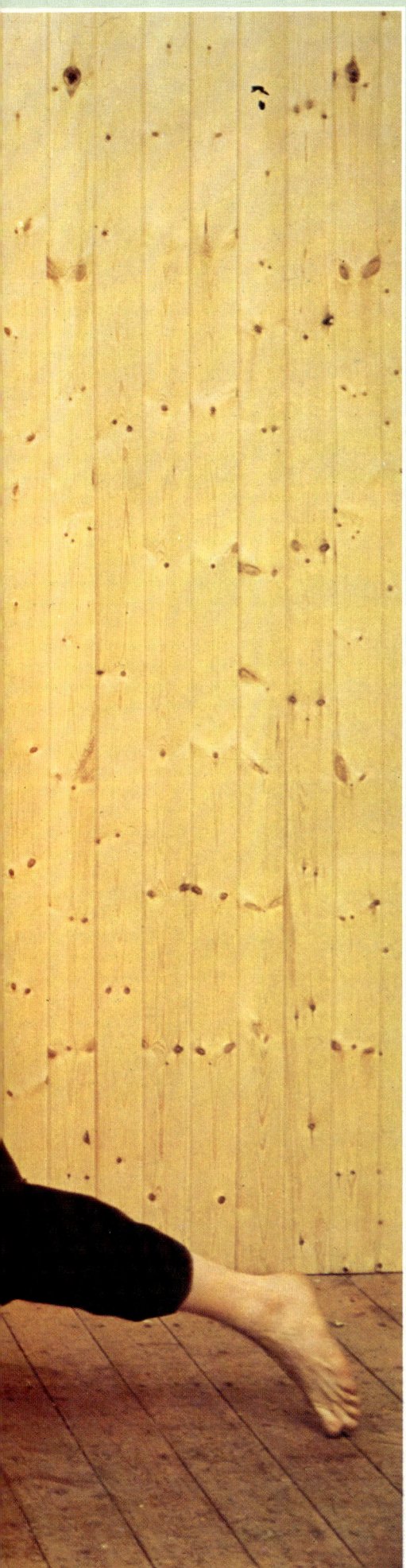

Kendo ist – wie gesagt – ein aufregender und Freude bereitender Sport. Auf den Schwertkampftechniken der alten Samurai basierend, erfordert Kendo Geduld, Disziplin, festen Willen und die Bereitschaft, aus den Erfahrungen des körperlichen und geistigen Trainings zu lernen und zu profitieren. Dafür gewinnt man Schnelligkeit der Bewegung und Beherrschung des Geistes, die einem nicht nur im Training, sondern auch im alltäglichen Leben zugute kommen.

Kendo erfordert nicht so viel Training wie andere Kampfsportarten. Schon zu Beginn steht ein Neuling in aufregenden Kämpfen allen möglichen Gegnern gegenüber, vom erfahrenen Meister bis zu Anfängern.

Zunächst lernt der Kendoka die Grundtechniken, wie die verschiedenen Arten des Schlagens, Stoßens, Aufschlitzbewegungen und das Parieren. Die folgenden Bilder illustrieren dieses Training. Ein Fechter muß diese Techniken viele Male wiederholen, bis er körperliche und geistige Übereinstimmung erlangt und seine Bewegungen ausgewogen und sicher werden.

Bevor ein Training beginnt, werden Lockerungsübungen gemacht, z. B. Strecken (für größere Beweglichkeit), Springen (zur Kräftigung der Beine) und Hüpfen (zur Koordination der Bewegungen).

Nach Beendigung dieser Übungen trainieren die Kendoka normalerweise ohne Rüstung die verschiedenen Techniken und Bewegungen, wobei sie nicht wirklich zuschlagen. Dann folgen neue taktische Abwehr- und Schlagtechniken, die man später im freien Training (Keiko) anwenden kann.

Nach diesem Grundtraining wird die Rüstung angelegt. Die Kendoka bilden zwei Reihen, auf der einen Seite die Meister (Yudansha), die Schülergrade auf der anderen. Eine Verbeugung bezeugt die gegenseitige Achtung und ist Teil der Kendo-Etikette.

Als nächstes üben die Kämpfer Kirikaeshi, eine Folge von Schlägen und Abwehren, bei der eine Seite angreifend vorgeht, während die andere Seite im Rückwärtsgehen die Angriffe abwehrt. Danach greift die andere Seite an. In Kirikaeshi wird zugleich die richtige Ausführung der Bewegungen des Kendo geübt. Der Kendo-Schritt ist einem schnellen Vorwärtsspringen ähnlich. Das rechte Bein bleibt dabei gleichmäßig vor dem linken Bein. Dann folgt ein schneller Ausfallschritt mit dem vorderen Bein, wobei mit dem hinteren Bein abgestoßen wird. Daraus entsteht eine sprungähnliche Bewegung.

Nach dem Kirikaeshi folgt der interessanteste Teil des Kendo: Im freien Training (Keiko) stehen sich Gegner von unterschiedlicher Größe und Geschicklichkeit im Kampf gegenüber. Beide greifen an, verteidigen und schlagen Finten, um eine schwache Stelle in der Deckung des Gegners zu finden. Wer im Kampf erfolgreich sein will, muß reaktionsschnell und beweglich sein. Es ist sehr wichtig, daß ein Kendoka möglichst oft den Partner wechselt; im Kampf gegen Gegner verschiedenster Prägung lassen sich viele Erfahrungen sammeln.

Irgendwann ist der Kendoka dann fähig, an einem Wettbewerb (Shiai) teilzunehmen. Hierbei kommt es darauf an, unter der strengen Aufsicht von zwei Kampfrichtern Punkte zu sammeln. Im Gegensatz zum freien Training (Keiko) kann man hier keine unerprobten oder zufälligen Techniken versuchen, denn man riskiert, den Punkt zu verlieren. Wachsamkeit (Zanshin) ist jeden Moment vonnöten; Erschlaffung oder Konzentrationsmangel können den Wettstreit rasch beenden.

Wie bei den anderen Kampfsportarten kennt man auch im Kendo den Kiai (Kampfschrei). Dieser Schrei wird – wie früher beschrieben – explosionsartig durch die Kehle ausgestoßen. Im Kendo werden dabei die Namen der Trefffflächen ausgerufen. Das schließt ebenso das Vertrauen in die eigenen Fähigkeiten ein, wie es die geistigen und körperlichen Reaktionen vervollkommnet.

Für ein Kendo-Training ist eine Ausrüstung und ein Bambusschwert (Shinai) vonnöten, die man in jedem Geschäft für Kampfsportzubehör erwerben kann.

Kendo gilt als ausgezeichnetes Mittel, körperliche Fitness zu erreichen und zu bewahren, ist nicht weniger wirksam als geistiges Training. Außerdem macht es Spaß und vermittelt Freundschaft mit allen, die sich für diesen alten, aber sehr lebendigen Sport interessieren.

Die beiden kleineren Bilder unten illustrieren einen anderen Schlag zum Kopf. Diese Technik kann für Schläge zu beiden Seiten des Kopfschutzes verwendet werden. Das obere Photo zeigt, wie der Shinai von hinten nach vorn geführt wird. Das Bild darunter hält die Endposition fest. Die rechte Hand verbleibt am Griffschutz, während die linke Hand führt und die Richtung des Schwerts kontrolliert.

Das obere Bild links zeigt einen Kämpfer, der mit seinem Shinai zu einem Schlag zur Mitte des Kopfs ansetzt (Shomen). Das Bild darunter veranschaulicht die Ausführung der Position. Das Schwert wird mit der rechten Hand über den Kopf geführt, während die linke Hand dem Schlag Kraft verleiht.

Das Photo links oben zeigt einen geraden Schlag zum Handgelenk. Der Kämpfer rechts setzt einen wirksamen Schlag durch und erhält einen Punkt. Die Abbildung rechts veranschaulicht einen anderen Schlag zum Handgelenk (Kote). Er kann nur dann wirksam sein, wenn der Gegner sein Schwert über den Kopf erhebt und so sein linkes Handgelenk exponiert. Sonst ist die linke Hand meistens geschützt, da man sie nahe am Körper hält.

Obiges Bild zeigt den einzigen im Kendo gebräuchlichen Schwertstoß. Er wird gegen die Vorderklappe des Kopfschutzes geführt. Gegen einen erfahrenen Kämpfer läßt er sich kaum anwenden, da er dank seiner Schnelligkeit und Beweglichkeit vor allem stoßende Techniken leicht abwehren kann. Ein unerfahrener Kämpfer kann in solcher Position aber leicht getäuscht werden.

Das Photo oben zeigt einen einhändig geführten Schlag zum Kopf. Mit solchem Schlag kann man seinen Gegner wirksam überraschen und dadurch einen Punkt erzielen. Nach vielem Üben läßt sich der einhändige Schlag mit großer Wirksamkeit und Genauigkeit gegen alle Körperteile des Gegners einsetzen. Um nicht in einen ungünstige Position zu kommen, muß man ihn jedoch sehr schnell ausführen.

Wenn sich beide Gegner gleichzeitig treffen, wie hier im Bild gezeigt, nennt man dies „Ai-Uchi". Ein Schlag zum Kopf wurde gleichzeitig vom Gegner mit einem Schlag zur rechten Seite der Brustplatte (Do) gekontert.

Beim Kendo gibt es drei „sichere" Positionen, in denen keine Punkte erzielt werden können: 1. Ein auf die Kehle gerichtetes Schwert verhindert einen Angriff.
2. Position wie oben im Bild.
3. Beide Kämpfer befinden sich außer Reichweite.

Das Bild links oben zeigt eine Abwehrtechnik gegen einen Schlag seitlich zum Kopf. Das Schwert wird senkrecht gehalten, je nach Angriff links oder rechts. Das Photo rechts oben veranschaulicht die Anwendung dieser Abwehr. Der Block sieht sehr einfach aus, aber im Kampf muß man ihn sehr schnell ausführen können.

Das kleine Bild oben veranschaulicht eine Abwehr nach unten. Das Schwert weist seitlich nach unten und schützt so den Brustpanzer. Kendo hat viele Arten von Abwehrtechniken, die man in jedem Verein erlernen kann.

Die Abbildung links demonstriert eine weitere Abwehr gegen einen Angriff zum Kopf. Der Kämpfer links versucht blitzschnell einen Schlag zur Kopfmitte. Ebenso schnell zieht der Verteidiger sein Schwert nach oben, hält es zur Abwehr über dem Kopfschutz und verhindert so, daß sein Gegner einen Punkt erzielt.

Die Kunst des Kendo-3

Vor der Einführung des Bambusschwertes und der Trainingsrüstung stellten die Katas, eine Folge stilisierter Bewegungen, den Hauptbestandteil des Trainings der alten Samurai dar, mit denen sie ihre Technik und ihren Kampfstil verbesserten. Auch heute noch müssen im Grund-Training Katas gelernt werden.

Wenn Könner Katas vorführen, ist das ein aufregender und spektakulärer Höhepunkt der Schwertkünste, aber nicht das Hauptziel. Solche Übungen entwickeln ein Gefühl des Einssein mit dem Schwert und Eigenschaften wie vollkommene Beherrschung, perfekte Koordination der Bewegung, sicheres Gefühl für Distanz, genauestes Timing und absolute Konzentration. Aus dem Training der Kata gewinnt

man diese Eigenschaften ebenso wie ein Gefühl körperlicher und geistiger Entspannung.

Kata-Techniken werden von zwei Kendoka ausgeführt, deren Bewegungen genau aufeinander abgestimmt sind. Verschiedenste Angriffe, Abwehren und Gegenangriffe werden ausgeführt. Ein Kämpfer übernimmt die Rolle des Angreifers (Uchi-Tachi), der andere die Rolle des Konternden (Shi-Tachi). Obwohl Anfang und Ende – das Grüßen, das Ziehen und Wiedereinstecken des Schwerts – langsam vor sich gehen, erfolgen Angriff und Gegenangriff mit voller Geschwindigkeit, die Schwertklinge wird erst unmittelbar vor dem Auftreffen angehalten. Zu Beginn des Kata-Trainings lernt der Schüler die verschiedenen Angriffs- und Abwehrbewegungen; er gebraucht ein Holzschwert (Bokuto), um sich zu verbessern. Erst wenn er alle Techniken sicher beherrscht und unzählige Male geübt hat, darf er eine Kata mit dem scharfen Schwert ausführen.

Die folgenden Bilder illustrieren die erste Folge der Katano no-kata, eine der schönsten Katas, in der improvisiert und das Schwert wie ein Besenstiel gebraucht werden kann. Katas sind nur ein Aspekt des hochinteressanten Kendo-Sports. Sie sind nicht nur schön anzusehen, sondern auch ein ausgezeichnetes Mittel zur Erlernung geistiger und körperlicher Übereinstimmung. Der beste Weg dazu ist, einem Kendo-Verein beizutreten.

Zu Beginn des Katas stehen sich beide Kämpfer in einer Distanz von etwa zwei Metern gegenüber. Das Schwert in der Hand **steckt noch in der Scheide. Dann verbeugen sich beide und stecken die Schwerter seitlich durch den Taillenbund. Es folgt ein** **Schritt mit dem rechten Fuß nach vorn, ein zweites Verneigen, bevor das Schwert gezogen wird.**

DIE AUSÜBUNG VON KENDO

Kendo kommt der Konzeption der Kampfkünste wahrscheinlich näher als Judo, Karate oder Aikido. Das Zeremoniell wird genauestens eingehalten und viele Kendoka sind lebhaft interessiert an japanischen Schwertern. Das Hauptziel des Samurai war die Vernichtung seines Gegners, während die eigene Verteidigung zweitrangig war. So folgt im Kendo auf einen abgewehrten Angriff sofort ein Gegenangriff. Jeder Schlag wird von einem Kiai (Schrei) begleitet, wodurch im Moment des Auftreffens sämtliche Muskeln des Körpers gespannt sind. Der obere Bereich des Kopfes, die Seiten des Körpers, die Handgelenke und die Kehle gelten als empfindlichste Stellen, die mit alle mit Kiri (Schneidschlag) angegriffen werden; nur beim Angriff zur Kehle wird ein Tsuki (Stoß) verwendet. Die Beinarbeit ist sehr wichtig. Normalerweise macht man kurze, schnellgleitende Schritte, nur beim Gegenangriff wird manchmal gesprungen. Von großer Bedeutung ist der perfekte Schlag zum Kopf – der grundlegende Angriff –; er wird meist zu Beginn eines jeden Trainings geübt. Der freie Kampf, bei dem jeder Kendoka versucht, einen Punkt zu machen, ist hart und ermüdend. Das Training zielt auf den Erwerb von drei Fähigkeiten: Geschicklichkeit, Behendigkeit und Anpasssung an Situationen.

Das Bild veranschaulicht einen von oben geführten Schlag zum Kopf (Shomen), von allen Schlägen (Kiri) im Kendo der wichtigste. Im Zeitalter der Samurai bestanden alle Helme aus zwei Teilen, die in der Mitte oben verbunden waren. So konnte ein Schlag auf diese Stelle tödlich sein.

Die Kämpfer erheben sich zur Stellung Chudan no Kamae, die Grundposition für den Kendo-Kampf. Der rechte Fuß steht etwas vor, das Schwert ist symbolisch auf die Kehle des Gegners gerichtet.

Das obige Bild zeigt die zweite Bewegung der Kata. Beide Kämpfer hocken, wobei sie den Schwertgriff in der rechten Hand halten.

Zur besseren Konzentration verharren sie in dieser Stellung sekundenlang.

Die obigen Bilder zeigen, wie beide Kämpfer ihr Schwert nach rechts neigen. Dann folgen fünf kurze Rückwärtsschritte, nach denen erneut die Kampfstellung wie im unteren Bild eingenommen wird.

Beide Schwerter werden gezogen, wie das Photo zeigt. Die Kämpfer kreuzen die Klingen und gemäß der im Kendo üblichen

Etikette verharren sie wiederum kurz. Das bezeugt die gegenseitige Achtung.

Das große Photo veranschaulicht den Beginn des Kampfteils. Der Angreifer geht in die Stellung Jodan no Kamae, wozu der linke Fuß etwas vorgeht und das Schwert über den Kopf gehoben wird.

Auf dem Bild oben geht der Gegenangreifer (Shi-Tachi) in die Stellung Jodan no Kamae, wobei sich der rechte Fuß aber nicht bewegt.

Beide Kämpfer gleiten drei Schritte nach vorn. Der Angreifer bewegt zuerst den linken, der Gegenangreifer den rechten Fuß.

Der Angreifer beginnt mit einem Schlag zum Kopf (Shomen), dem der Gegenangreifer durch einen Rückwärtsschritt mit dem linken Fuß ausweicht.

DAS SAMURAI-SCHWERT

Man kann nicht genau sagen, wo in Japan die ersten Samurai-Schwerter hergestellt wurden. Die wenigen gefundenen Schwerter waren nicht gehärtet und hatten meist eine gerade Klinge.

Man nimmt jedoch an, daß etwa im 2. Jahrhundert Einwanderer aus der Mongolei das einschneidige, zugespitzte Eisenschwert nach Japan brachten. Nicht vor dem 7. Jahrhundert kam dann die traditionelle gekrümmte Klinge, die in Legenden dem Schwertschmied Amakuni zugeschrieben wird. Eines Tages beobachteten Amakuni und sein Sohn, wie die Krieger aus einer Schlacht zurückkehrten. Amakuni war oberster Schwertschmied, und der Kaiser hatte ihm ein Zeichen der Anerkennung versprochen, wenn er seine Truppen aus der Schlacht heimführte. Der Kaiser ritt an ihm vorbei, ohne ihn zu beachten. Zuerst war Amakuni ganz verwirrt, aber dann erkannte er, daß viele Krieger zerbrochene Schwerter trugen. Er sammelte daraufhin diese Schwerter, untersuchte sie gründlich und fand heraus, daß sie nicht richtig gehärtet waren. Eingedenk der kaiserlichen Zurückweisung beschloß er, das perfekte Schwert zu schmieden.

Nach einem Monat ununterbrochener Arbeit erschien Amakuni mit einem Schwert, das eine gekrümmte Klinge hatte. Die Krieger lachten ihn aus, doch Amakuni schliff und polierte sein Schwert zu höchster Schärfe. Im Frühjahr führte der Kaiser seine Truppen in einen anderen Krieg, für den er die Krieger mit Amakunis neuen Schwertern ausrüstete. Einige Monate vergingen. Eines Morgens hörte Amakuni, daß die Krieger zurückkehrten. Er rannte aus dem Haus und zählte die Klingen: Keine war gebrochen! Als der Kaiser an ihm vorbeiritt, wendete er sich zu Amakuni und sagte: „Du bist wahrhaft ein großer Schwertschmied."

Der Gegenangreifer erzielt einen Treffer am Kopf, wobei er mit dem rechten Fuß einen Schritt vorwärts macht. Symbolisch hält er sein Schwert an den Kopf des Gegners. Der Angreifer erkennt diesen Schlag an, indem er sein Schwert in der Stellung Gedan no Kamae auf die Knie seines Gegners richtet.

Wie obiges Bild zeigt, geht der Gegenangreifer (links) einen Schritt zurück. Er erhebt sein Schwert und nimmt die Stellung Jodan no Kamae ein. Diese ganze Position heißt Zanshin-(Wachsamkeit-)Stellung. Der Angreifer bleibt in derselben Position, die Schwertspitze zeigt nach unten.

Das Photo veranschaulicht den Abschluß der Kata-Folge. Der Gegenangreifer senkt sein Schwert, während der Angreifer sein Schwert hebt, und beide kreuzen – wie zu Beginn – die Klingen.

Noch einmal drehen die Kämpfer ihre Schwerter, gehen dann fünf kurze Schritte rückwärts in die Stellung Chudan no Kamae, machen drei Vorwärtsschritte, kreuzen die Klingen und gehen in die Hocke. Danach stecken sie ihr Schwert in die Scheide, erheben sich, verbeugen sich und gehen fünf kurze Schritte zurück. Es folgt dann die Schlußverbeugung, bevor die Schwerter mit der rechten Hand abgenommen werden.

Die Kunst des Kendo-4

Die Samurai verdanken ihre Entstehung den vielen verfeindeten Sippen des mittelalterlichen Japan. Durch beständige Kämpfe entwickelte sich eine hochspezialisierte Kriegerkaste. Der Samurai war die zentrale Figur dieser Ära, ein nobler Kämpfer, berühmt für seine Fähigkeiten als Reiter, Bogenschütze und Schwertkämpfer. Er kämpfte entweder, um den eigenen Besitz zu verteidigen, oder um seinen Lehensherrn zu unterstützen, aber auch für den Kaiser. Die Samurai gleichen in mancher Hinsicht den Rittern des Westens.

Wenn auch die Samurai in der Neuzeit als Schwertkämpfer dargestellt werden, rühmten sie sich in ihrer Frühzeit nur ihrer Fähigkeiten im Bogenschießen und spielten ihre Schwertkünste herunter. Ein Edikt etwa im 13. Jahrhundert verbot das Tragen von Schwertern und machte das einschneidige, mit beiden Händen geführte Langschwert zum Symbol der Krieger; es setzte den Bogen an seine Stelle. Nur die Samurai und die Adligen des Hofes durften Schwerter benutzen und das Schwert errang durch sie seine Überlegenheit.

Etwa in dieser Zeit brachten buddhistische Mönche bei ihrer Rückkehr aus China eine neue Philosophie nach Japan, genannt Zen, die sich schnell über ganz Japan verbreitete. Wegen seiner strengen Einfachheit begehrten die Samurai, den Zen-Buddhismus in seiner Vollkommenheit zu erlernen. Die Mehrzahl der Samurai beherrschte bald Sinn und Bedeutung von Zen.

Das Ziel des Zen ist die völlige Beherrschung des Geistes, um zur Stufe der höchsten Erleuchtung zu kommen und sich von der körperlichen Welt loszulösen. Dies wurde durch beständiges Meditieren und strenge Selbstdisziplin erreicht. Zen fördert die Charakterbildung und das Wohlbefinden jedes Menschen, der sich um Vollkommenheit bemüht.

Die Samurai erkannten die Kraft des Zen und benutzen die durch ihn gewonnene Beherrschung beim Kampf. Das Studium dieser Philosophie und seine ungeheuren Fähigkeiten im Umgang mit allen Waffenarten verschaffte dem Samurai einen gefürchteten, aber geachteten Platz in der japanischen Gesellschaft, was bis heute noch zu spüren ist.

Mit dem Aufkommen moderner Waffen verlor das Schwert auf dem Schlachtfeld seine Bedeutung. Statt dessen wurden die Schwertkampf-Techniken und die ganze Philosophie der Samurai zur Grundlage einer Sportart und Mittel, Körper und Geist zu schulen. Dieser nicht-kämpferische Weg des Schwerts wurde Kendo genannt.

Kendo umfaßt alle Schwertkampf-Techniken der alten Samurai, wobei man ein spe-zielles Bambusschwert (Shinai) gebraucht. Durch dieses Schwert und eine einfache Rüstung kann man mit voller Kraft kämpfen, ohne daß es zu Verletzungen kommt. Das Resultat ist eine anregende Form körperlicher Entspannung, die die alltäglichen Belastungen lösen hilft. Wer die Shinai-Techniken beherrscht, geht zur Erlernung der geistigen Disziplin mit Kendo-Lehren über.

Die folgenden Abbildungen zeigen weitere Aspekte des Kendo. Die hohe Kunst des Schwertziehens mit einem Höchstmaß an Geschicklichkeit und Nutzen ist ebenso veranschaulicht wie der Gebrauch anderer Kampfkünste, z. B. Karate, kombiniert mit Schwerttechniken. Beide Aspekte gehören zum Training der fortgeschreiteneren Kendoka.Die Photos vermitteln hier einen ersten Einblick in diese aufregenden Techniken, die im Kendo-Training erst mit Fortgeschrittenen geübt werden. Aber schon zu Beginn eines Kendo-Kurses profitiert man von den erregenden Kämpfen, weil keine Verletzungsgefahr besteht. Solche Kämpfe sind sofort möglich in einem Verein.

Kendo ist ein ausgezeichnetes Mittel, durch einen anregenden, abwechslungsreichen und anspruchsvollen Sport geistige und körperliche Fitness zu erreichen.

Die Samurai waren vollendete Kämpfer und nutzten ihre Fähigkeiten auch für andere Kampfkünste. Das große Bild ganz rechts zeigt einen Fußstoß zum Kopf, während die kleineren Abbildungen eine der Techniken des Iai, der Kunst des Schwertziehens zeigen. Schnelles und gutes Ziehen konnte im Kampf entscheidend sein.
Ein Samurai übte viele Stunden, um blitzschnell zu ziehen, zuzuschlagen und das Schwert wieder in die Scheide stecken zu können. Langsames Ziehen konnte die beste Technik wertlos machen.

Im Nahkampf verwendeten die Samurai oft Handtechniken, um einen Vorteil zu erlangen oder wenn sie entwaffnet wurden. Alle diese Techniken wurden sehr schnell ausgeführt. Ein erfahrener Kämpfer beherrschte mehrere Kampfkünste und benutzte diese auch für Situationen auf dem Schlachtfeld.

Die drei Bilder illustrieren eine andere Technik des Iai, bei der ein Karate-Tritt eingesetzt wird. Der Kämpfer links täuscht das Ziehen seines Schwerts vor. Da sein Gegner darauf hereinfällt, kann er einen schnellen Fußtritt zum Kopf machen. Er würde dann einen Schwertschlag folgen lassen.

DIE RÜSTUNG DER SAMURAI

Die Rüstung der Samurai enthielt Bestandteile aus allen Gegenden Asiens und wurde von den Japanern immer mehr verbessert und ergänzt, so daß sie schließlich aus mehreren tausend Stücken bestand. Nur die Reichen konnten sich solche Rüstung leisten. Der einfache Soldat trug nur das, was man im gegeben hatte, wozu manchmal noch Beutestücke kamen. Die Rüstung der Samurai war viel leichter und beweglicher als die der Ritter Europas zur selben Zeit. Die Rüstung bestand aus Bambus und Jade, eine schöne und schmucküberladene Ausrüstung, die den Kämpfer wirksam vor Schwertschlägen und Pfeilen schützte. Jeder Samurai übte beständig, die empfindlichsten Stellen der Rüstung zu treffen, nämlich die Verbindung der einzelnen Teile. Der Helm war zum Beispiel in der Mitte zusammengefügt. Trafen sich zwei Samurai auf dem Schlachtfeld, versuchte jeder den Helm des Gegners zu spalten.
Beim Kendo-Training wird eine einfache Rüstung getragen, die erlaubt, die volle Körperkraft einzusetzen, ohne Verletzungen befürchten zu müssen.

Die Abbildungen der linken Spalte geben ein weiteres Beispiel für die Kunst des Iai. Das kleine Bild ganz oben zeigt die Ausgangsstellung. Der Kämpfer rechts überrascht seinen Gegner durch einen Schlag mit dem Schwertgriff zum Unterleib, der zugleich dessen Konzentration stört. Er kann einen wirksamen Schlag zum Hals folgen lassen.